THE GAME OF LOGIC
by Lewis Carrol

Copyright©1887 by Lewis Carrol

Human Comedy is publishing this original edition of
The Game of Logic, due to its public domain status.

Korean Translation Copyright©2020 by Human Comedy Publishing Co.

이 책은 루이스 캐럴의『The Game of Logic』을
현대적인 감각으로 편역하였습니다.
이 책의 한국어판 저작권은 도서출판 인간희극에 있습니다.
저작권법에 의해 한국 내에서 보호를 받는 저작물이므로
무단전재와 무단복제를 금합니다.

엄마, 나도 **논리적**으로 말하고 싶은데 **논리**가 뭔지 정말 모르겠어요.

루이스 캐럴 지음 | 김영수 편역

인간희극

하나
게임의 법칙
6

둘
작은 게임판
32

셋
큰 게임판
74

넷
삼단 논법
100

다섯
오류
126

여섯
연습 문제
136

하나

게임의 법칙

어린이 여러분, 반갑습니다!
우리 친구들은 '논리'라는 말을 들어 본 적이 있겠죠?
그런데 막상 '논리가 뭘까?' 하고 생각해 보면 대답하기는 어려울 거예요.
사전을 찾아 봐도 논리라는 말은 아리송하기만 합니다.

논리 (論理)

'말이나 글에서 사고나 추리 따위를
이치에 맞게 이끌어 가는 과정이나 원리'

'사물 속에 있는 이치. 또는 사물끼리의 법칙적인 연관'

==사전에는 이렇게 써 있는데 과연 이게 무슨 말일까요???==

논리는 이렇게 어렵기만 한데 부모님이나 선생님들은 "좀 논리적으로 생각해 볼래?", "논리적으로 말해 봐"라고 하십니다.

아이고 참, 논리가 뭔지도 잘 모르겠는데 어떻게 논리적으로 생각하고 말을 할지…

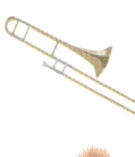

그래서 저는 논리에 대해서 최대한 쉽고 재미있게 설명해 보려고 해요. 이제 곧 우리는 '논리'의 의미를 눈으로 직접 볼 수 있는 어떤 게임을 시작하게 될 겁니다.

그리고 이 게임을 신나게 하다 보면 여러분들은 어느새 논리에 대해서 확실히 알게 될 거예요.

어떤 종류의 게임이든 일단 게임을 할 사람이 필요하겠죠? 1명 이상 말이에요. 저는 이 숫자보다 더 적은 인원으로 할 수 있는 게임은 알지 못합니다.

대신 1명보다 더 많은 인원이 필요한 몇몇 게임은 알고 있지요. 예를 들어 야구를 하려면 총 18명이 필요합니다.

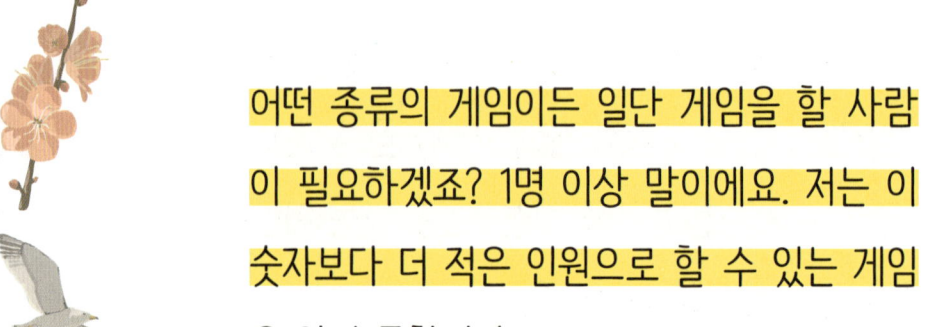
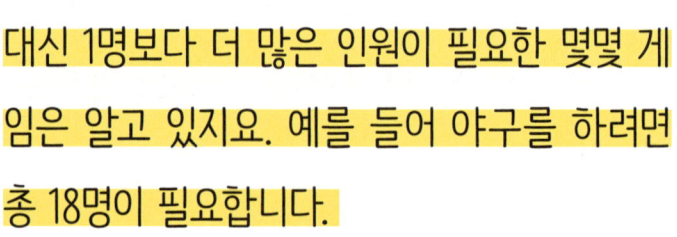

==그런데 지금 제가 알려 줄 게임은 1명으로도 충분합니다. 혼자서도 할 수 있는 게임이면 18명이 필요한 게임보다 얼마나 더 쉽겠어요!==

==이 게임은 이렇게 혼자로도 충분하지만 2명이 함께 하면 훨씬 더 즐거울 겁니다. 서로의 실수를 고쳐줄 수도 있고요.==

끝없는 즐거움(이 게임이 만들어 내는 이야기는 그야말로 무궁무진합니다)을 준다는 것 외에도, 이 게임의 두 번째 장점은 뭔가 배울 수도 있다는 것이죠.

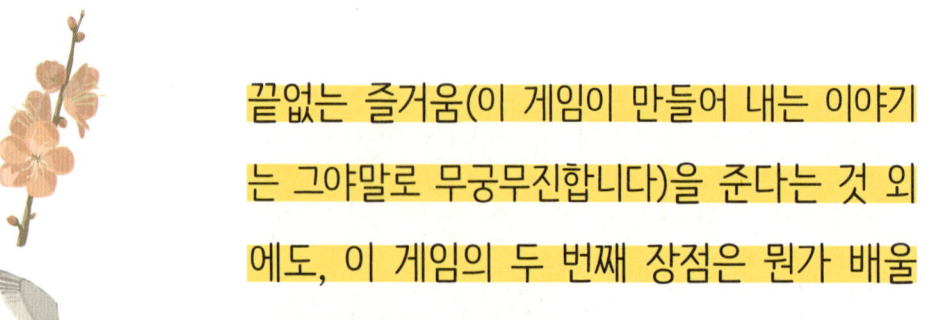

하지만 가끔 어려움도 닥칠 거예요. 뭔가를 배우기 위해서는 꼭 필요한 과정이죠. 그러니 지금부터 단단히 대비하시길!

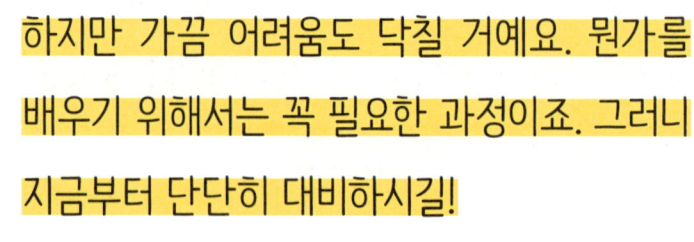

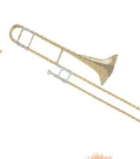

우리는 논리에 대해서 알아보기 위해 우선 케이크부터 만들어 볼 겁니다.

갑자기 웬 케이크냐구요? 일단 저를 믿고 따라와 보세요. 절대 후회하지 않을 거예요.

 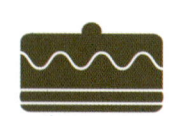 

자, 이렇게 멋진 케이크를 몇 개 만들어 봤어요. 예쁜 것도 중요하지만 역시 케이크는 맛이 있어야죠! 어디 한번 조금씩 먹어 볼까요?

- 새로 만든 케이크 중 어떤 것은 맛있다.
- 새로 만든 케이크 모두 맛이 없다.
- 새로 만든 케이크 모두 맛있다.

우리는 케이크들을 모두 맛본 뒤에 위의 3가지 문장처럼 표현할 수 있을 거예요. 우리는 이런 문장들을 '명제(命題)'라고 부르기도 합니다. 자, 어려운 말이 등장했네요. 하지만 겁먹을 필요는 없어요. 저는 명제를 말로 설명하는 대신 눈으로 직접 확인시켜 주려고 해요.

먼저 이 세상의 케이크를 다 담을 수 있는 찬장이 있다고 상상해 봐요(물론 그러려면 엄청나게 큰 찬장이어야겠지요). 그리고 그 찬장을 아래 위로 이렇게 나눠 보는 거예요.

새로운 케이크
오래된 케이크

그리고 이번에는 찬장을 왼쪽과 오른쪽으로 다음과 같이 나누어 보죠.

맛있는 케이크	맛없는 케이크

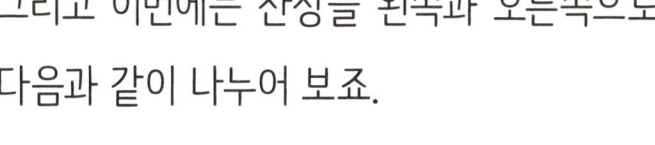

그리고 이 두 가지 구분법을 합쳐 보면 다음처럼 4칸으로 된 찬장이 완성될 거예요.

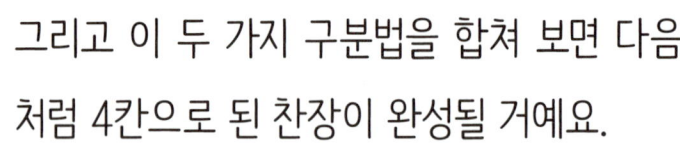

Ⓐ	새롭고 맛없는 케이크
오래되고 맛있는 케이크	오래되고 맛없는 케이크

자, 그럼 Ⓐ칸에 어떤 케이크가 있다면 그 케이크는 무슨 케이크일까요? 맞아요! 그 케이크는 새롭고 맛있는 케이크죠! 나머지 칸들은 어떤 케이크의 자리인지도 잘 확인해 보세요. 이제 여러분은 명제를 눈으로 확인하는 방법을 알게 된 겁니다. 즉 게임의 법칙을 배우기 시작한 것이죠.

우리는 이 찬장을 케이크뿐만 아니라 세상에 존재하는 다른 많은 사물들도 담을 수 있도록 기호를 써서 구분해 볼 거예요.

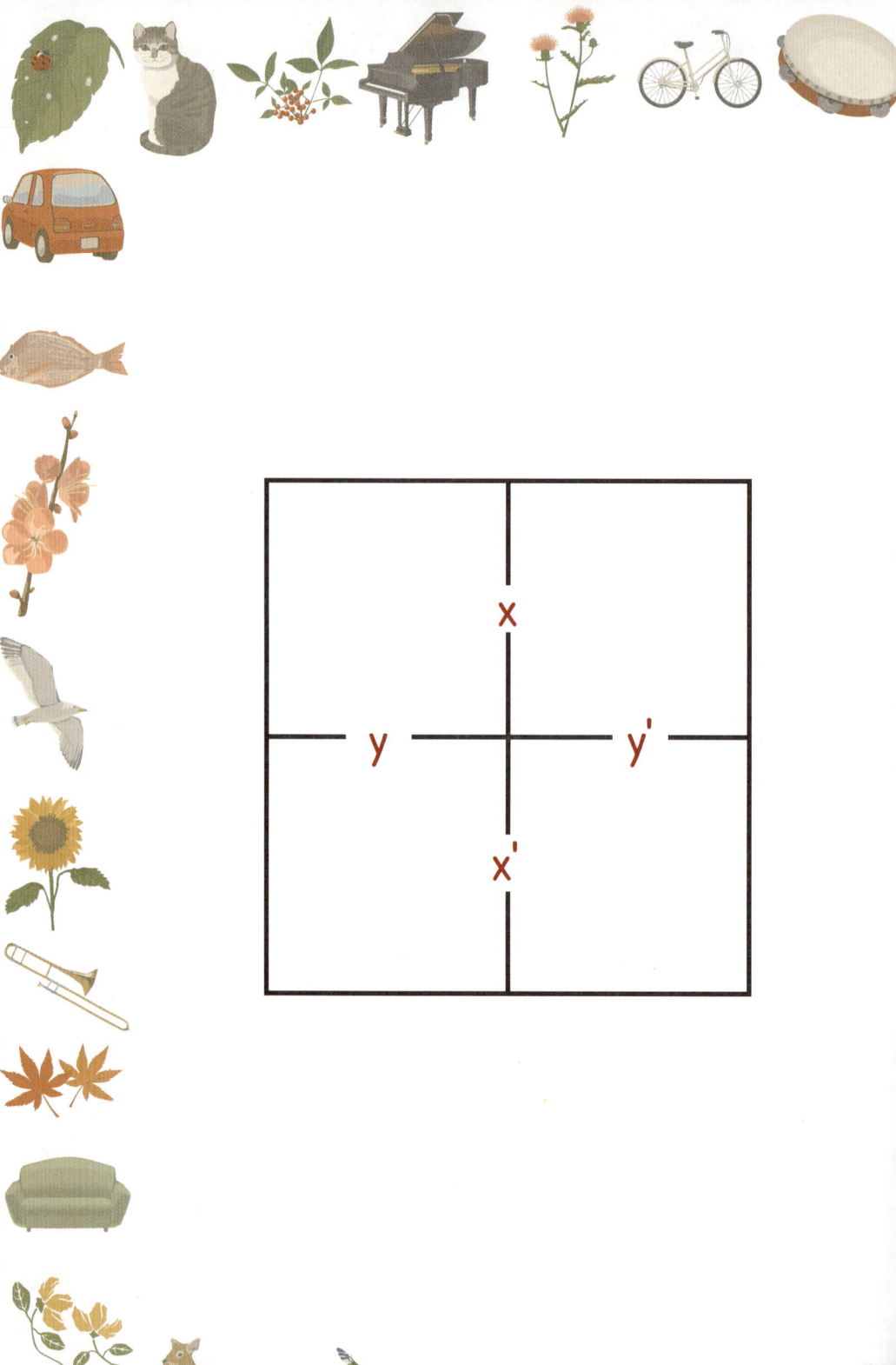

옆에 있는 그림에서 보듯이 새로운 케이크들을 위한 공간인 위쪽 절반에는 x라고 표시되어 있습니다. 그리고 나머지(새롭지 않은 케이크, 물론 오래된 케이크라고 해도 되겠죠)가 들어가는 아래쪽 절반에는 x'라고 표시되어 있습니다. 그럼 y로 표시된 왼쪽 절반은 어떤 케이크의 자리일까요? 맞습니다! 맛있는 케이크가 들어갈 곳입니다. 그럼 y'로 표시된 오른쪽 절반은 맛없는 케이크의 자리라는 것도 쉽게 알 수 있을 거예요. 이제 우리는 x는 '새로운'으로, x'는 '새롭지 않은'으로, y는 '맛있는'으로, y'는 '맛없는'으로 이해해야 합니다.

자, 그럼 이미 한 번 했었던 질문을 다시 해 볼게요. 옆 페이지 그림에서 Ⓐ칸은 어떤 종류의 케이크를 위한 자리일까요? 보다시피 Ⓐ칸은 위쪽 절반에 속해 있습니다. 그래서 Ⓐ칸에 어떤 케이크가 들어 있다면 그건 반드시 새로 만든 것이어야 합니다. 그리고 Ⓐ칸은 왼쪽 절반에 속하기도 하죠. 따라서 맛있기도 해야 합니다. 그러므로 Ⓐ칸에 어떤 케이크가 있다면 그 케이크는 반드시 '새로운', '맛있는'이라는 두 가지 속성을 가지고 있어야 합니다. 이 두 가지 속성을 우리는 간단히 xy로 표현할 수도 있겠죠.

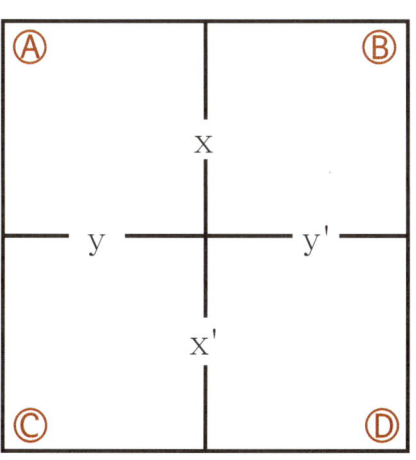

Ⓐ칸 양 모서리에 각각 x, y라고 써져 있는 게 보일 거예요. 이 표시는 어떤 칸에 있는 사물이 어떤 속성을 가지는지 알아내는 데 무척 편리합니다. 예를 들어 ⓒ칸을 봐 보죠. ⓒ칸에 어떤 케이크들이 들어 있다면 그 케이크들의 속성은 분명 x', y일 겁니다. 즉, 새롭지 않지만 맛있는 케이크들인 것이죠. 이제 여러분은 기호를 활용할 수 있게 된 거예요!

이번에 우리는 또 한 가지 약속을 확인해야 합니다. 바로 우리가 게임에 활용하게 될 단추의 색에 대한 거예요.

머리 위에서 우리를 비추는 태양을 보세요. 태양은 빨갛게 활활 타오르면서 자신의 빛으로 공간을 가득 채우고 있어요.

그런데 태양은 시간이 지날수록 서쪽으로 사라져 버려요.

태양이 없는 텅 빈 하늘은 이제 회색빛이 되었습니다.

그래서 어떤 칸에 빨간 단추가 있으면 뭔가가 '들어 있다'는 것을 의미합니다. 즉 그 칸에 어떤 케이크가 존재한다는 것이죠('어떤'은 하나 혹은 그 이상을 의미합니다. 따라서 어떤 칸에 단 하나의 케이크가 들어 있을 때에도, 수천 개의 케이크가 있을 때에도 우리는 똑같이 "이 칸에는 어떤 케이크가 들어 있다"라고 말할 수 있습니다). 반면 어떤 칸에 회색 단추가 놓여 있으면 그것은 그 칸이 '비어 있다'는 뜻입니다. 즉 그 어떤 케이크도 들어 있지 않다는 것이죠(앞으로 빨간 단추는 숫자 1로, 회색 단추는 0으로 표시하기도 할 거예요).

앞서 우리가 케이크를 만들고 맛본 뒤에 쓴 다음과 같은 세 가지 명제를 다시 기억해 보세요.

- 새로 만든 케이크 중 어떤 것은 맛있다.
- 새로 만든 케이크 모두 맛이 없다.
- 새로 만든 케이크 모두 맛있다.

이 세 명제들은 모두 새로운 케이크들에 대해서 다루고 있으므로 우리는 일단 찬장의 위쪽 절반에만 관심을 기울여 봅시다. 모든 케이크의 속성이 x인 곳, 즉 새로운 케이크가 있는 칸입니다.

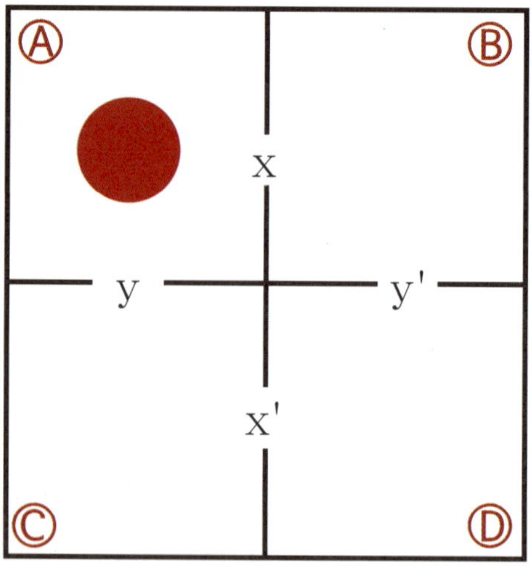

```
┌─────────┬─────────┐
│Ⓐ        │        Ⓑ│
│  ●      │         │
│       x │         │
│─────y───┼───y'────│
│         │         │
│       x'│         │
│Ⓒ        │        Ⓓ│
└─────────┴─────────┘
```

혹은

```
┌─────────┬─────────┐
│Ⓐ        │        Ⓑ│
│         │         │
│    1  x │         │
│─────y───┼───y'────│
│         │         │
│       x'│         │
│Ⓒ        │        Ⓓ│
└─────────┴─────────┘
```

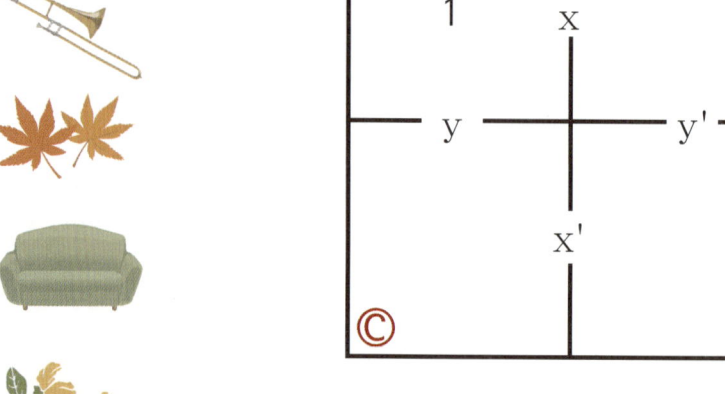

옆의 그림에서 Ⓐ칸에 놓인 빨간 단추(혹은 숫자 1)는 우리에게 무엇을 말하려는 걸까요? xy칸에 어떤 것이 들어 있다는 것을 의미하는 게 아닐까요? 즉 새로운(x)이라는 속성 이외에도 맛있는(y)이라는 속성을 가진 어떤 케이크들이 존재하고 있음을 말하려는 겁니다. 그래서 우리는 이 그림을 다음과 같이 말로 표현할 수 있습니다.

"어떤 x케이크는 y(케이크)다."

혹은 x, y자리에 단어를 집어 넣어,
"어떤 새로운 케이크는 맛있는 케이크다."

혹은 더 짧은 말로,
"어떤 새로운 케이크는 맛있다."

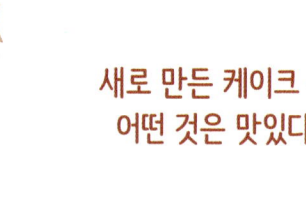
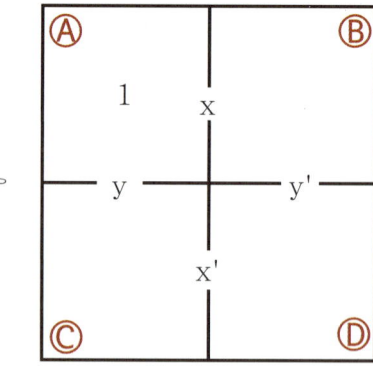

새로 만든 케이크 중
어떤 것은 맛있다. ☞

위의 그림처럼 우리는 드디어 첫 번째 명제를 그림으로 나타내는 방법을 알아냈습니다. 지금껏 제가 한 말들을 명확하게 이해하지 못했다면 더 나아가지 말고 이해가 될 때까지 반복해서 읽어보세요. 일단 앞부분을 완벽하게 마스터하면 나머지 뒷부분은 아주 쉬워질 테니까요.

작은 게임판

만약 우리가 '케이크'라는 단어에 얽매이지 않는다면 우리는 명제를 좀 더 자유롭게 다룰 수 있습니다. 저는 어떤 사물 뒤에 '세계'라는 단어를 붙이면 훨씬 더 근사해진다는 것을 알아냈어요. "이번에는 케이크의 세계를 다루어 봅시다"라고 말하면서 공부를 시작하는 것이죠. 멋지지 않나요? 우리의 찬장은 그 어떤 다른 사물들도 케이크처럼 담을 수 있기 때문에 우리는 '마법사'의 세계에 대한 명제도, '꿀벌'의 세계에 대한 명제도 만들 수 있습니다.

지금부터 중요한 내용들을 배울 텐데 한 번에 모든 것을 이해하는 게 어려울 수도 있어요. 그러니까 아주 주의 깊게 차근차근 읽기 바랍니다.

세상은 수많은 '사물'들로 이루어져 있어요(예를 들어 빵, 아기, 딱정벌레, 방망이 같은 것들 말이죠). 그리고 이 사물들은 수많은 '속성'들을 가지고 있죠(예를 들어 '구워진', '예쁜', '검은', '부러진' 같은 상태들을 말하는 거예요. 사실 어떤 사물에 포함되어 있다고 말할 수 있는 것은 그 어떤 것이든지 '속성'입니다).

우리는 어떤 사물을 말하고 싶을 때마다 '명사'를 사용합니다. 그리고 속성을 말하고 싶을 때 사용하는 것이 바로 '형용사'입니다. 그런데 사람들은 다음과 같은 의문점을 품어 왔어요. "그 어떤 속성도 가지지 않은 사물이 존재할 수 있을까?" 이것은 매우 곤혹스러운 질문입니다. 저는 이 질문에 답을 하려고 시도하지 않을 거예요. 여러분들도 이런 풀리지 않는 질문에는 그 답을 아는 것이 아무런 가치가 없는 것처럼 딴청을 부리면서 침묵하는 것이 더 낫습니다.

그러나 질문을 바꾸어 "그 어떤 사물에도 속하지 않는 속성이 존재할 수 있을까?"라는 질문에는 단번에 "아니요"라고 대답할 수 있습니다. 그건 마치 그 누구의 도움도 없이 아기 혼자서 기차여행을 할 수 있다고 말하는 것과 같은 것이니까요. 여러분은 '아름다운', '어질러진' 같은 말을 '하늘'이나 '마룻바닥' 같은 명사와 연결시키지 않고 생각할 수 있나요?

왜 이런 얘기를 길게 하냐고요? 이제 그 이유를 말할게요.

두 가지 사물들을 연결시키거나(예를 들어 '돼지는 동물이다'), 혹은 두 가지 속성들을 연결시키는 것(예를 들어 '분홍색은 밝은 빨간색이다)은 쉽게 이해할 수 있습니다. 그러나 어떤 사물과 어떤 속성을 연결하는 것(예를 들어 '어떤 돼지들은 분홍이다')은 이해하기 힘듭니다. 어떻게 사물(명사)과 속성(형용사)이 똑같은 존재로 연결될 수 있단 말입니까? 이것을 이해할 수 있는 가장 간단한 방법은 문장의 마지막에 어떤 '명사'가 생략되어 있다고 여기는 겁니다. 즉, "어떤 돼지들은 분홍(돼지)이다." 이렇게 말이죠. 여러분은 이제서야 '~이다'란 말의 쓰임새를 정확하게 알게 된 겁니다.

그러므로 "새로 만든 케이크 중 어떤 것은 맛있다"라는 명제를 제대로 이해하려면, 우리는 다음과 같이 생략된 부분을 염두에 두어야 합니다. "새로 만든 케이크 중 어떤 것은 맛있(는 케이크)다." 그리고 이런 명제는 두 개의 '용어'로 구성됩니다. '새로 만든 케이크'가 그 하나이고 '맛있는 케이크'가 다른 하나죠. 우리는 '새로 만든 케이크'는 '주사(主辭)'라고, '맛있는 케이크'는 '빈사(賓辭)'라고 부릅니다. 또한 우리는 "새로 만든 케이크 중 어떤 것은 맛있다"와 같은 명제를 '특수(特殊)명제'라고 말합니다. 왜냐하면 이 명제는 주사(主辭)의 전체가 아닌 일부만을 말하고 있기 때문입니다.

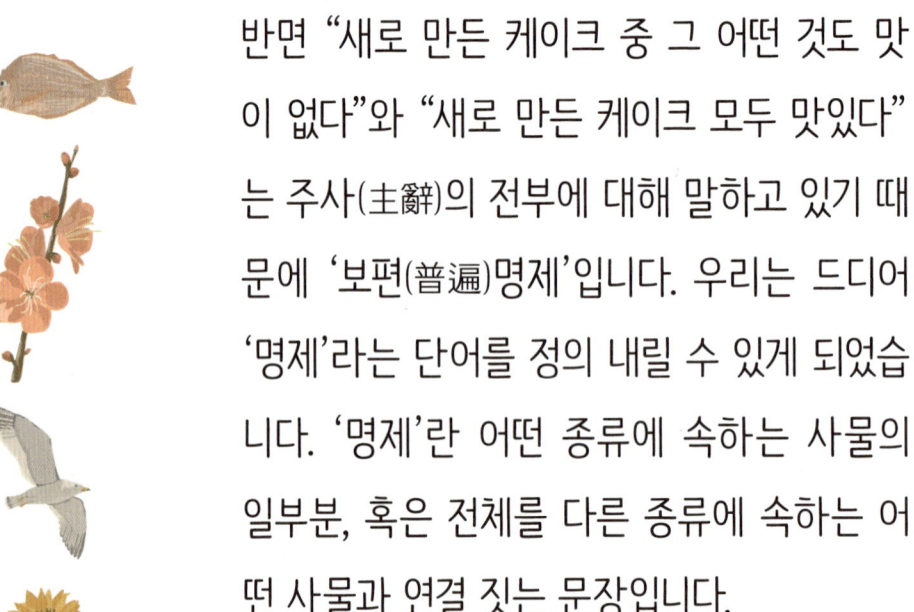

반면 "새로 만든 케이크 중 그 어떤 것도 맛이 없다"와 "새로 만든 케이크 모두 맛있다"는 주사(主辭)의 전부에 대해 말하고 있기 때문에 '보편(普遍)명제'입니다. 우리는 드디어 '명제'라는 단어를 정의 내릴 수 있게 되었습니다. '명제'란 어떤 종류에 속하는 사물의 일부분, 혹은 전체를 다른 종류에 속하는 어떤 사물과 연결 짓는 문장입니다.

이제 여러분은 논리에 관한 7가지 단어를 알게 되었습니다.

명제, 사물, 속성, 주사, 빈사, 특수, 보편

여러분의 친구들 중 누군가가 논리에 대해서 묻는다면 이 7가지 단어를 섞어 쓰면서 대답해 주세요. 그러면 그 친구는 당신을 슬픈 눈으로 잠시 쳐다 본 다음 도망쳐 버리겠죠? 이렇듯 논리를 단어와 말로 이해하는 것은 필요하긴 하지만 무척 어려운 일이에요. 그러나 우리에겐 비장의 무기인 게임판이 있습니다. 논리적으로 생각한다는 건 이 게임판에 빨간색이나 회색 단추를 제대로 올려 놓는 것과 전혀 다르지 않아요. 자, 이제부터 게임판을 본격적으로 활용해 볼까요!

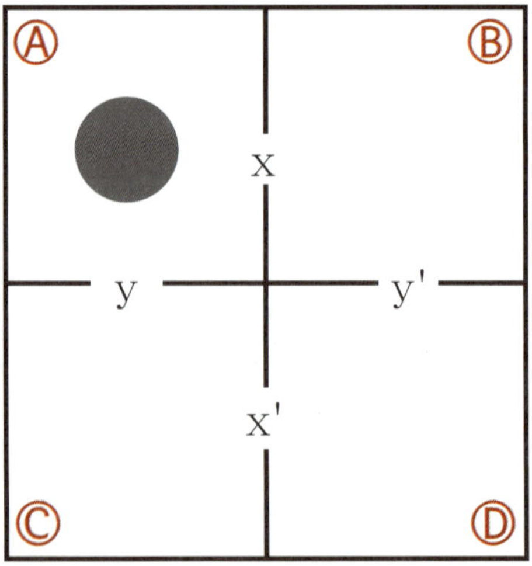

혹은

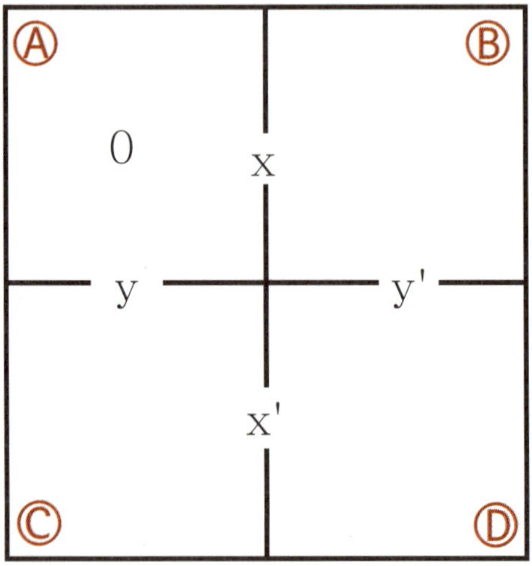

옆 페이지의 그림이 어떤 명제를 나타내고 있는지 알아챘나요? 처음으로 회색 단추가 사용되었네요. 0으로도 표시할 수 있는 이 회색 단추는 '아무것도 없다'는 뜻으로 쓰인다고 했었죠. 기억나죠? 즉 옆 페이지의 그림은 xy구역이 비어 있음을 말하고 있습니다. "그 어떤 x도 y가 아니다", 혹은 "새로 만든 케이크 중 그 어떤 것도 맛있지 않다"고 표현할 수 있는 거예요. 이것은 우리에게 처음 제시된 아래의 세 가지 명제 중 두 번째 명제에 해당하는 겁니다.

- 새로 만든 케이크 중 어떤 것은 맛있다.
- 새로 만든 케이크 모두 맛이 없다.
- 새로 만든 케이크 모두 맛있다.

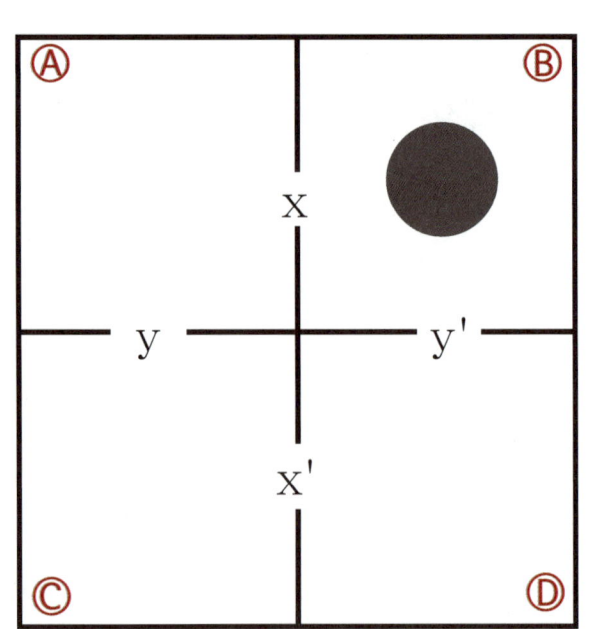

위 그림은 "그 어떤 x도 y'가 아니다", 혹은 "새로 만든 케이크 중 맛없는 케이크는 없다"를 의미합니다.

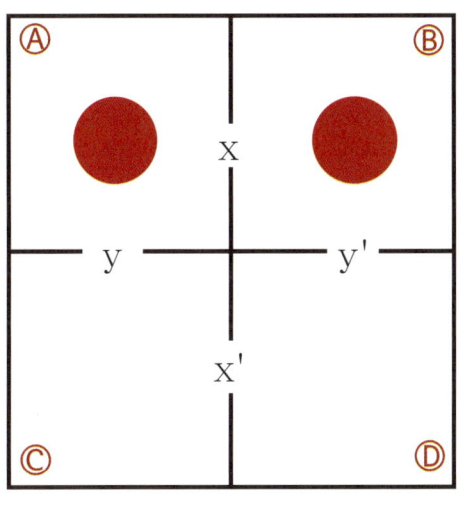

어? 이번에는 빨간 단추가 두 개 올려져 있네요. 그렇다면 명제가 두 개라는 뜻입니다. 여러분이 다음과 같은 두 가지 명제를 어렵지 않게 생각해 냈길 바랍니다.

"어떤 x는 y다"와 "어떤 x는 y'다"

혹은

"어떤 새로운 케이크는 맛있다"와 "어떤 새로운 케이크는 맛없다"

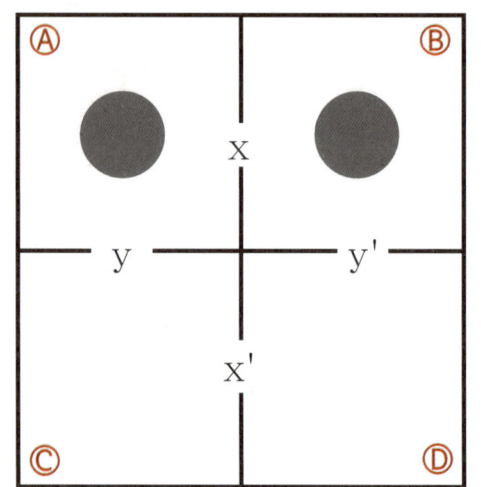

위 그림은 "그 어떤 x도 y가 아니다"와 "그 어떤 x도 y'가 아니다", 즉 "새로운 케이크 중 맛있는 케이크는 없다"와 "새로운 케이크 중 맛없는 케이크는 없다"가 되겠죠? 결국 우리는 약간 이상한 결론에 도달하게 됩니다. "그 어떤 새로운 케이크도 존재하지 않는다", 혹은 "그 어떤 케이크도 새롭지 않다"는 명제와 똑같은 의미가 되니까요.

그럼 이제 단추를 가지고 "그 어떤 케이크도 새로 만든 것이 아니다"는 명제와는 다르게 "어떤 케이크는 새로 만든 것이다"를 표현해야만 한다고 가정해 보죠. 간략하게 "어떤 케이크는 x다"라고 해도 되겠죠. 자 어떻게 하시겠습니까? 점점 헷갈리죠? 제가 바라던 바입니다. 일단 게임판의 위쪽 절반 어딘가에 빨간 단추를 두어야 한다는 건 분명합니다.

그러나 왼쪽 구역에 두어서는 안 됩니다. 왜냐하면 당신은 새로 만든 케이크가 맛있는지는 아직 알 수 없기 때문이죠. 그렇다고 오른쪽 구역에 둘 수도 없습니다. 왜냐하면 당신은 케이크가 맛이 없다는 것도 아직 알 수 없기 때문입니다.

도대체 어쩌라는 거냐구요? 제 생각에 이 같은 어려움에서 벗어나는 가장 좋은 방법은 빨간 단추를 xy구역과 xy'구역을 나누는 선 위에 두는 것입니다. 아래와 같이요.

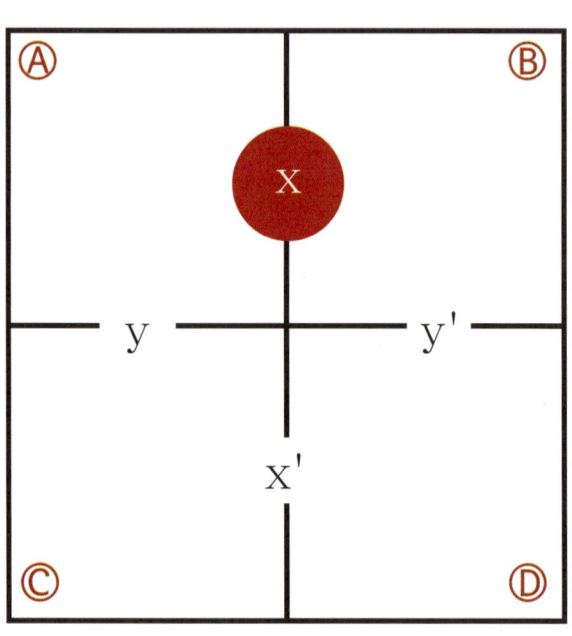

미국에는 민주당과 공화당이라는 정당 두 개가 있는데, 이쪽 정당도 좋고 저쪽 정당도 좋아서, 즉 민주당을 지지할지 공화당을 지지할지 결정 못하고 있는 사람들을 "울타리에 앉아 있는 사람"이라고 한답니다. 경계선 위에 놓인 빨간 단추가 딱 그렇습니다. 빨간 단추는 Ⓐ칸도 좋아하고 Ⓑ칸도 좋아합니다. 그래서 어느 쪽으로 뛰어 내릴지 자기 스스로도 모르죠. 이 어리석은 친구는 울타리의 양옆으로 각각 다리를 두고 걸터 앉아 그저 다리를 흔들고만 있는 거랍니다.

이제 저는 더 어려운 문제를 주려고 합니다.
아래의 그림은 무얼 의미할까요?

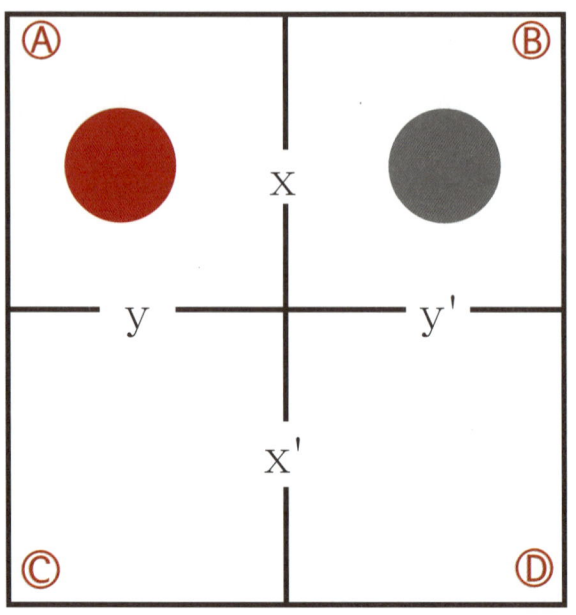

옆의 그림은 분명 두 개의 명제를 표현하고 있습니다. 즉 "어떤 x는 y다"뿐만 아니라 "그 어떤 x도 y'가 아니다"도 말하고 있는 겁니다. 그러므로 결론은 "모든 x는 y다", 즉 "모든 새로운 케이크는 맛있다"가 되는 거예요. 우리가 처음 케이크를 만들고 맛본 다음 쓴 다음 세 개의 명제 중 제일 마지막 명제가 되는 것이죠.

- 새로 만든 케이크 중 어떤 것은 맛있다.
- 새로 만든 케이크 모두 맛이 없다.
- 새로 만든 케이크 모두 맛있다.

이로써 우리는 보편명제인 "모든 새로운 케이크는 맛있다"가 다음과 같은 두 개의 명제로 구성된다는 것을 알게 되었습니다.

- 어떤 새로운 케이크는 맛있다.
- 새로 만든 케이크 중 맛없는 것은 없다.

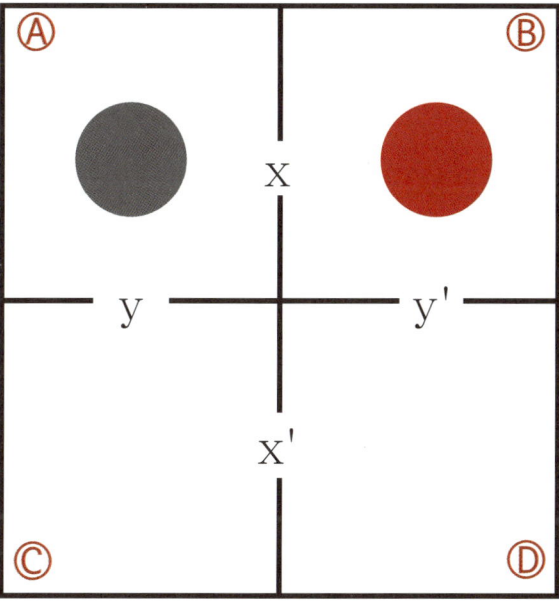

같은 방식으로, 위의 그림은 "모든 x는 y'다", 즉 "모든 새로운 케이크는 맛이 없다"를 의미합니다.

이제 "새로운 케이크" 대신에 "맛있는 케이크"를 명제의 주어로 다루어 봅시다. 즉 게임판의 왼쪽 절반에 정신을 집중하는 겁니다. 그곳은 y라는 속성을 가진 케이크들이 존재하는 곳이죠. y는 '맛있는'을 가리킵니다.

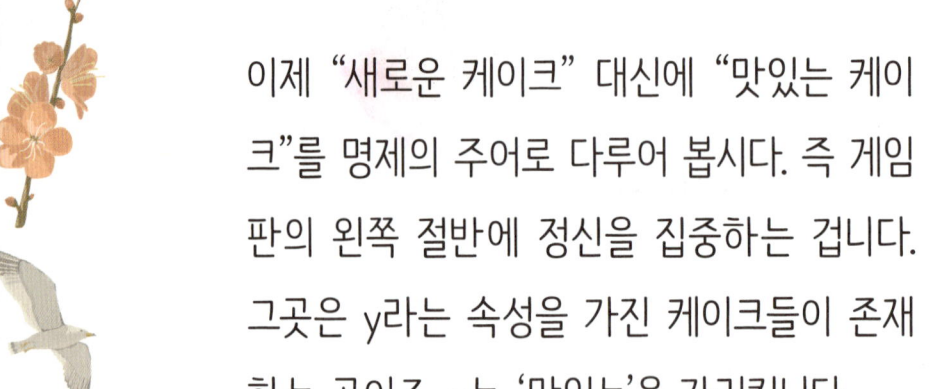

그렇다면 옆 페이지의 그림은 뭘 말하고 있는 것일까요?

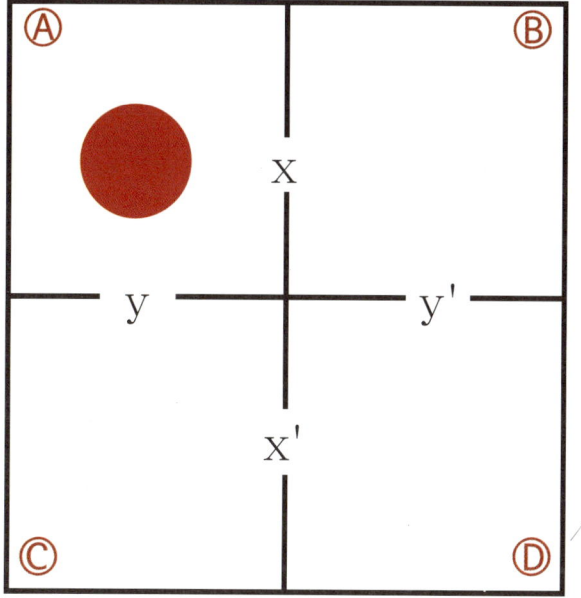

여러분 스스로 위의 그림이 "어떤 y는 x다"라는 의미라는 걸 알아냈길 바랍니다. 즉 아래와 같은 명제를 표현한 것이죠.

- 어떤 맛있는 케이크는 새로운 것이다.

하지만 당신은 조금 이상하다고 생각할지도 모르겠네요. "우리는 이미 이번 경우를 다루었잖아요. 28페이지에서 Ⓐ칸에 빨간 단추를 두고 그게 "어떤 새로운 케이크는 맛있다"를 의미한다고 말했잖아요. 그런데 지금은 이게 "어떤 맛있는 케이크는 새로운 것이다"를 의미한다고 말하고 있네요. 이게 둘 다를 의미하는 거예요?" 이렇게 말이죠.

생각이 깊은 질문을 하는 당신은 무척 믿음직한 독자입니다! 맞아요. 그 둘 모두를 의미합니다.

만약 당신이 x(새로운 케이크)를 주어로 쓴다면, 그리고 Ⓐ칸을 가로로 긴 직사각형의 일부로 여긴다면 앞 페이지의 그림은 "어떤 x는 y다", 즉 "어떤 새로운 케이크는 맛있다"가 되는 겁니다. 그러나 당신이 y(맛있는 케이크)를 주어로 쓴다면, 그리고 Ⓐ칸을 세로로 긴 직사각형의 일부로 여긴다면 "어떤 y는 x다", 즉 "어떤 맛있는 케이크는 새로운 것이다"가 되는 것이죠. 완벽하게 똑같은 사실을 서로 다른 두 가지 방식으로 표현하는 것일 뿐이랍니다.

자 이제 게임판 그림을 몇 개 더 연습해 봅시다. 먼저 그림을 보고 무슨 의미일까 생각해 본 다음 페이지를 넘겨 자신의 생각이 맞는지 확인해 보세요.

☞ 이 책의 뒤에 수록된 게임판과 단추를 가위로 오려서 게임판에 직접 단추를 놓아 가며 연습해 보세요.

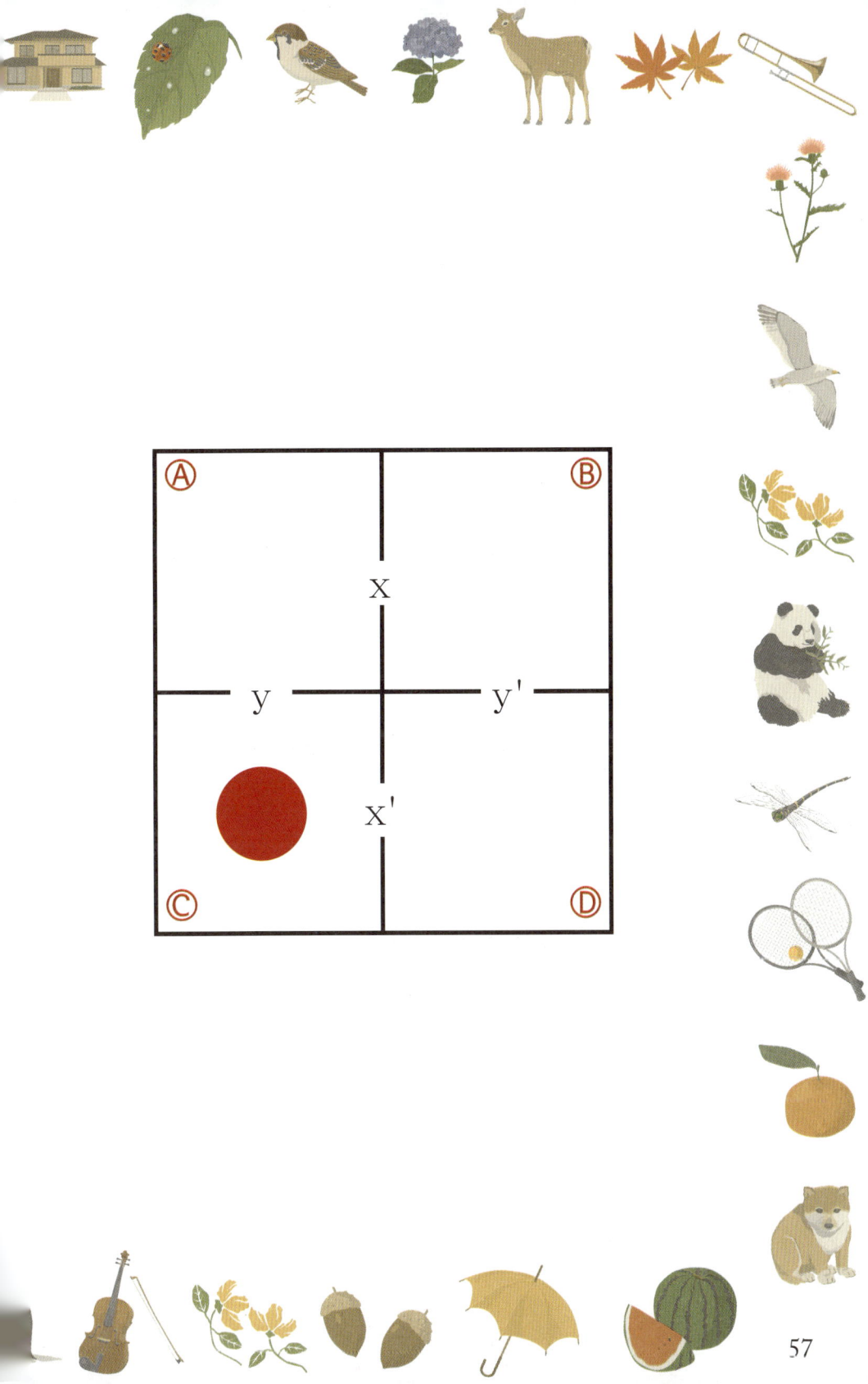

정답 :

어떤 y는 x'다. 혹은 어떤 x'는 y다.

즉

어떤 맛있는 케이크는 오래된(새롭지 않은) 케이크다.

혹은

어떤 오래된(새롭지 않은) 케이크는 맛있는 케이크다.

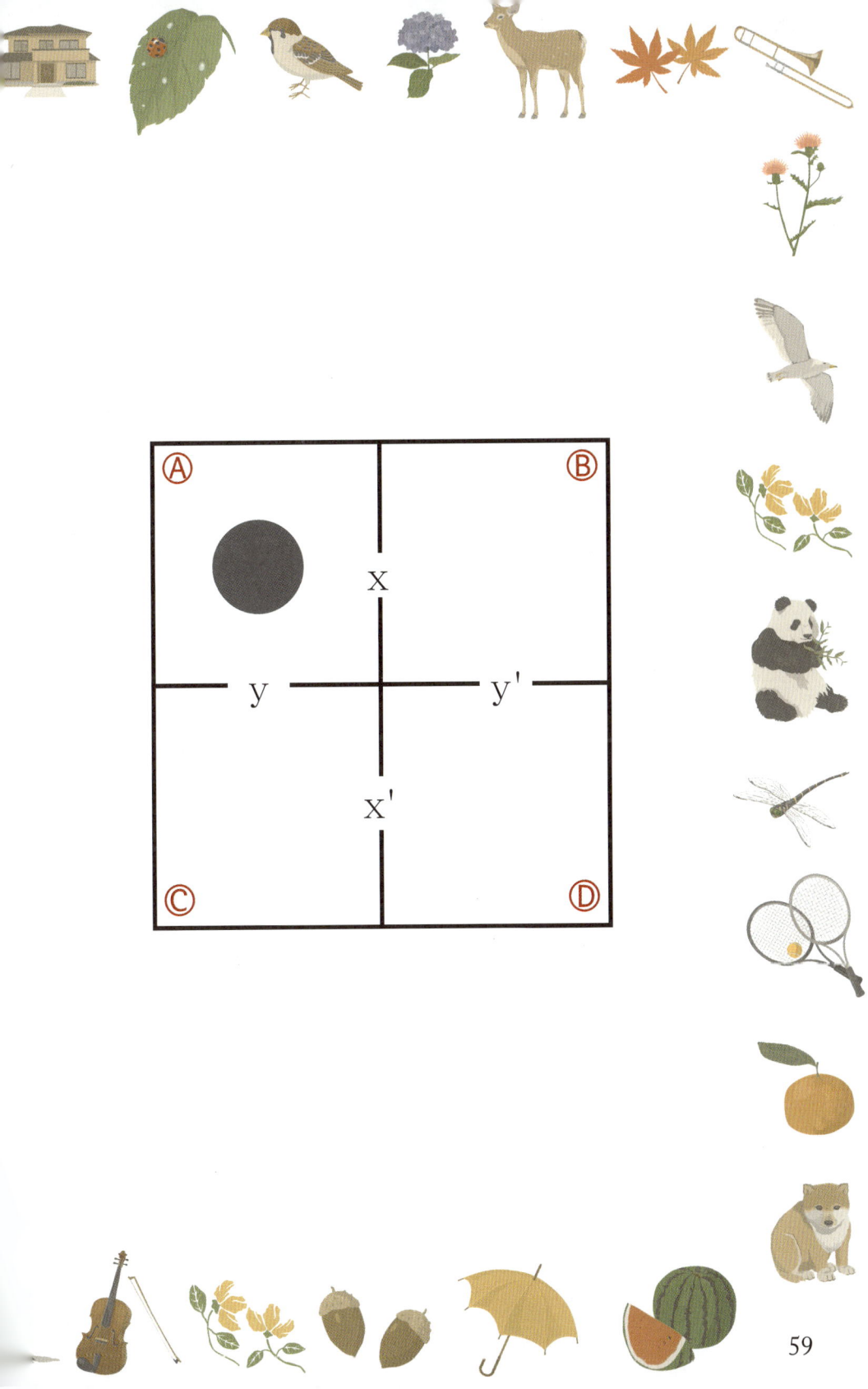

정답 :

그 어떤 y도 x가 아니다. 혹은 그 어떤 x도 y가 아니다.

즉

맛있는 케이크 중 새로운 케이크는 없다.

혹은

새로운 케이크 중 맛있는 케이크는 없다.

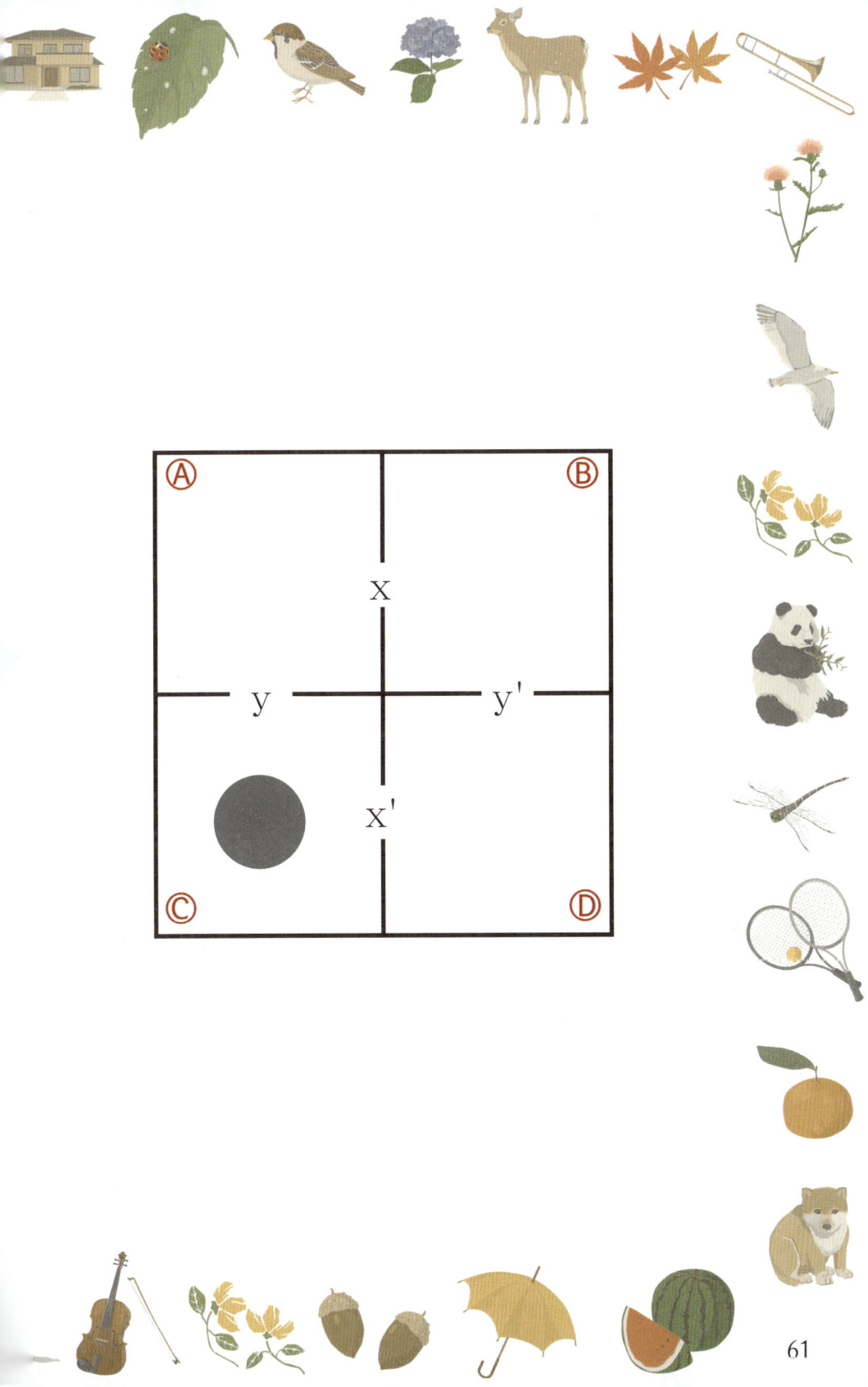

정답 :

그 어떤 y도 x'가 아니다. 혹은 그 어떤 x'도 y가 아니다.

즉

맛있는 케이크 중 오래된 케이크는 없다.

혹은

오래된 케이크 중 맛있는 케이크는 없다.

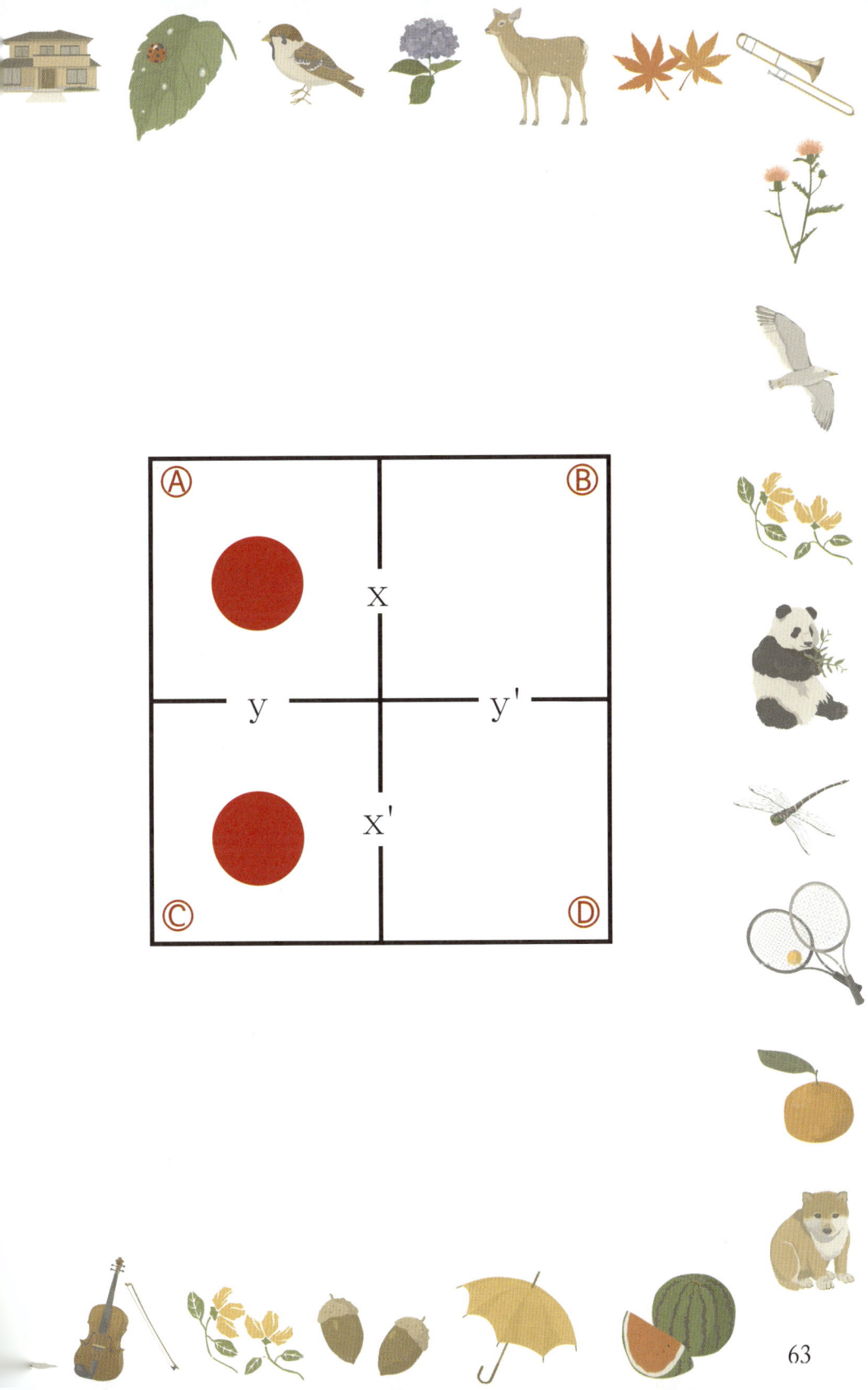

정답 :

(명제 두 개) 어떤 y는 x다. / 어떤 y는 x'다.

혹은

어떤 맛있는 케이크는 새로운 케이크다.
/
어떤 맛있는 케이크는 오래된 케이크다.

혹은

어떤 새로운 케이크는 맛있다.
/
어떤 오래된 케이크는 맛있다.

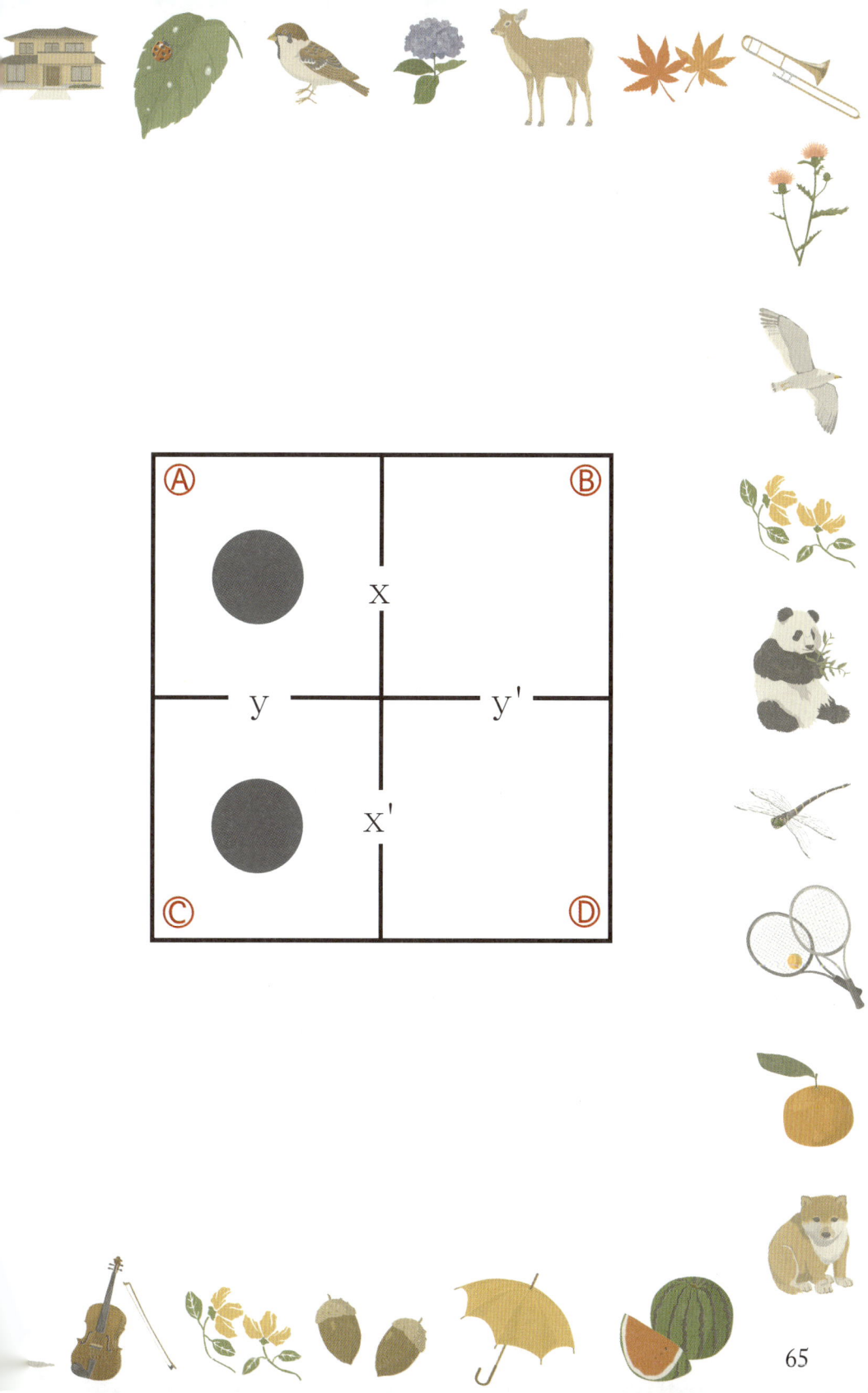

정답 :

(명제 두 개) 그 어떤 y도 x가 아니다.
/
그 어떤 y도 x'가 아니다.

혹은

맛있는 케이크 중 새로운 케이크는 없다.
/
맛있는 케이크 중 오래된 케이크는 없다.

혹은

새로운 케이크 중 맛있는 건 없다.
/
오래된 케이크 중 맛있는 건 없다.
(즉, 맛있는 케이크는 존재하지 않는다.)

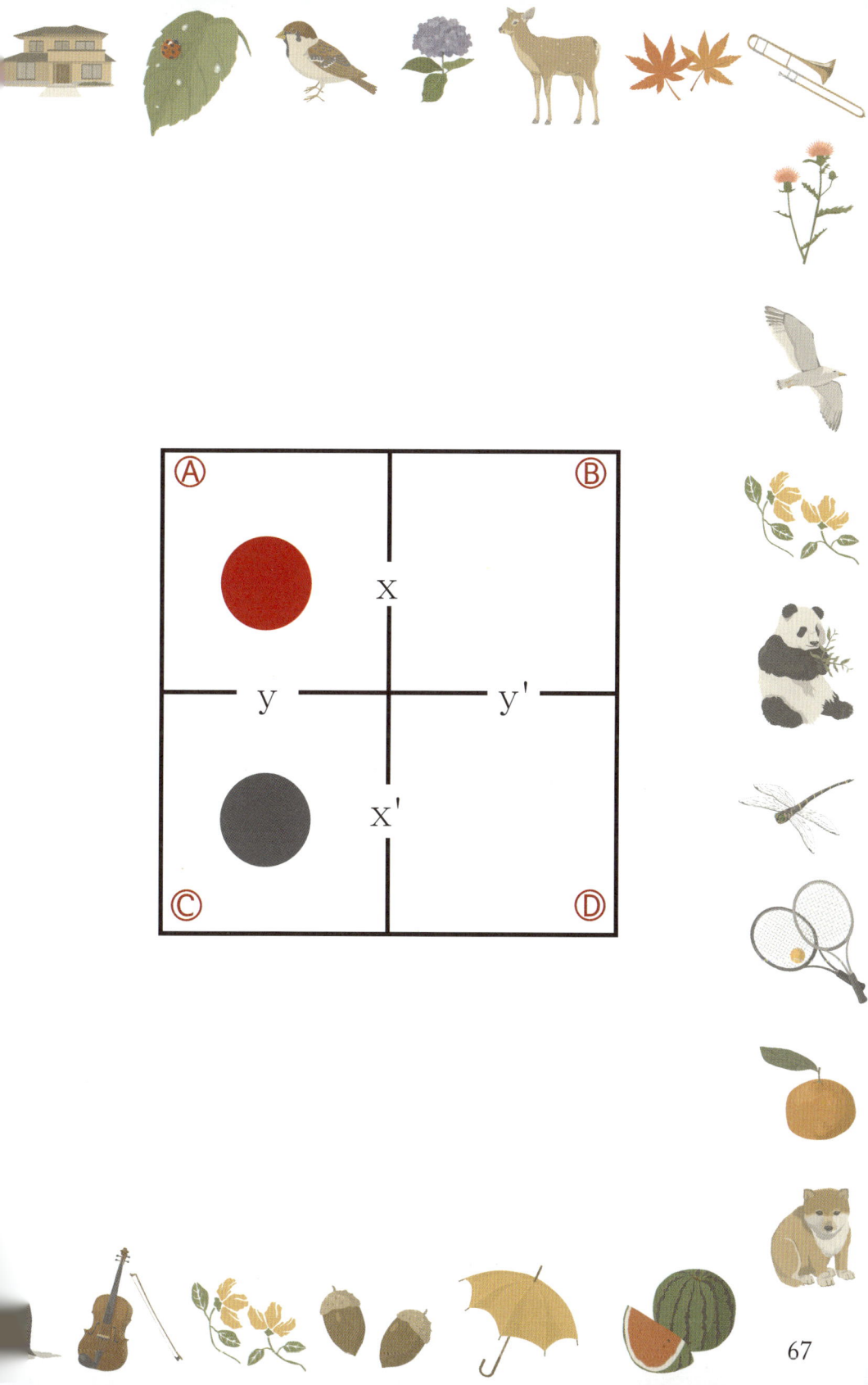

정답 :

(명제 두 개) 어떤 y는 x다.
/
그 어떤 y도 x'가 아니다.

혹은

어떤 맛있는 케이크는 새로운 케이크다.
/
맛있는 케이크 중 오래된 케이크는 없다.

혹은

새로운 케이크 중 어떤 것은 맛있다.
/
오래된 케이크 중 맛있는 건 없다.
(즉, 맛있는 케이크는 모두 새로 만든 케이크다.)

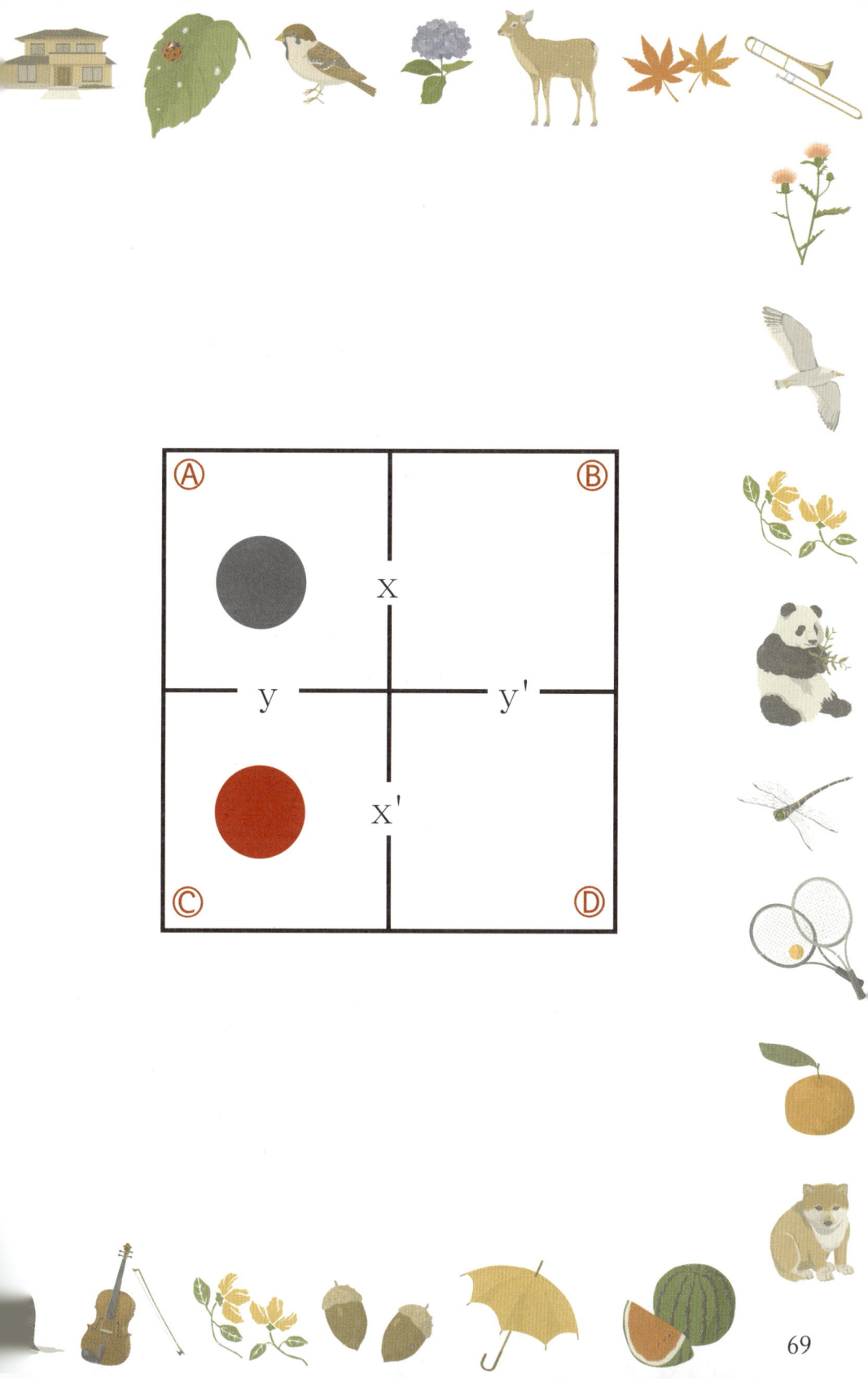

정답 :

(명제 두 개) 그 어떤 y도 x가 아니다.
/
어떤 y는 x'다.

혹은

그 어떤 맛있는 케이크도
새로 만든 케이크가 아니다.
/
맛있는 케이크 중 어떤 것은
오래된 케이크다.

혹은

새로운 케이크 중 맛있는 것은 없다.
/
오래된 케이크 중 어떤 것은 맛있다.
(즉, 맛있는 케이크는 모두 오래된 케이크다.)

어때요? 몇 개나 맞췄나요? 책 뒤에 있는 게임판과 단추들을 오려서 열심히 연습해 보세요! 스스로의 힘으로 한 게임판을 완벽하게 이해하고 그 다음 게임판으로 넘어가는 게 좋은 방법입니다. 그리고 여기에서는 단추들이 왼쪽 칸에 놓여 있는 문제들만 소개했어요. 나머지 오른쪽 반쪽에 대해서는 이제 당신 혼자서도 잘해 나갈 수 있을 거예요.

작은 게임판에 대해서 할 말은 다한 것 같네요. 그렇다면 더 큰 세상으로 나아가 볼까요?

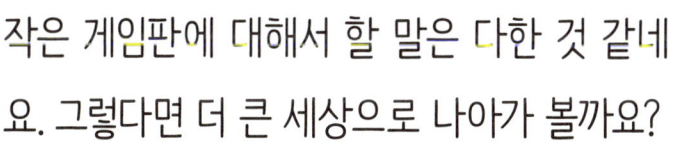

셋

큰 게임판

〈큰 게임판〉

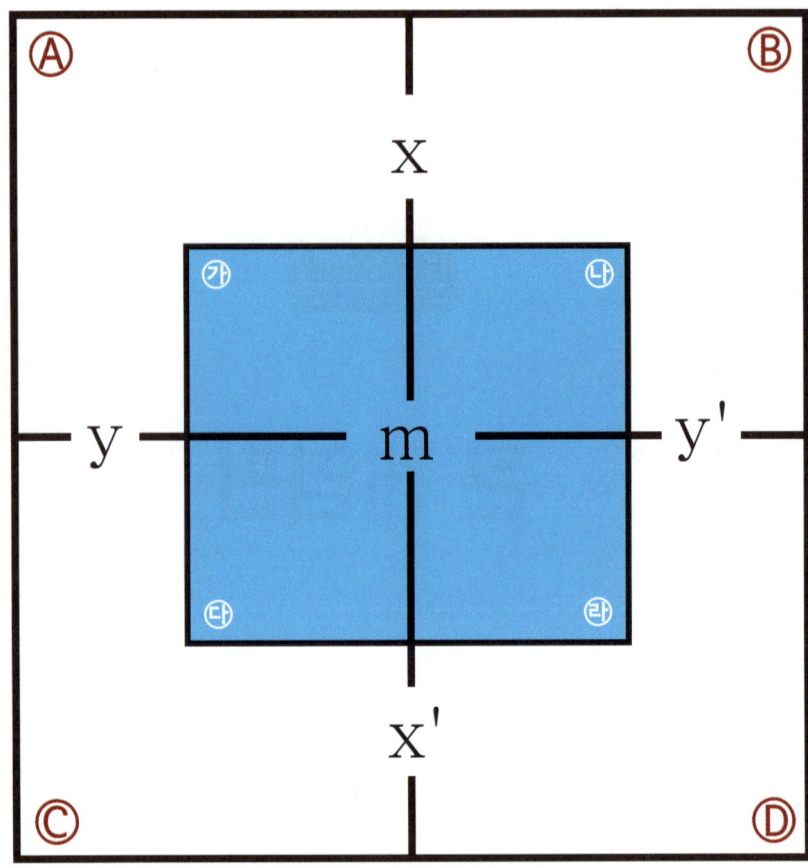

☞ 이 책의 뒤에 수록된 게임판과 단추를 가위로 오려서 활용하세요.

큰 게임판이 작은 게임판과 다른 점은 가운데 m이라는 사각형이 들어 있다는 거예요. 우리는 이 m에 '영양가 있는'이라는 의미를 부여할 겁니다. 그러므로 모든 영양가 있는 케이크는 중앙의 파란 사각형 안에, 그리고 모든 영양가 없는 케이크는 파란 사각형을 뺀 ㄱ, ㄱ, ㄴ, ㄴ 모양의 4군데 바깥 도형에 두어야 합니다.

작은 게임판에서는 각각의 칸에 든 케이크가 두 가지 속성을 가졌었는데, 큰 게임판에서는 각각의 칸에 든 케이크가 세 가지 속성을 가지게 됩니다. 두 개의 속성이 칸의 모서리에 적혀 있다면 세 번째 속성은 꼭지점에 적혀 있죠(게임판에 써 있지는 않지만 m사각형의 바깥, 즉 게임판의 가장 바깥 꼭지점 4곳에는 m'이라고 표시되어 있는 셈입니다).

그러므로 우리는 어떤 칸을 보기만 하면 그 안에 포함된 세 가지 속성을 단번에 말할 수 있습니다.

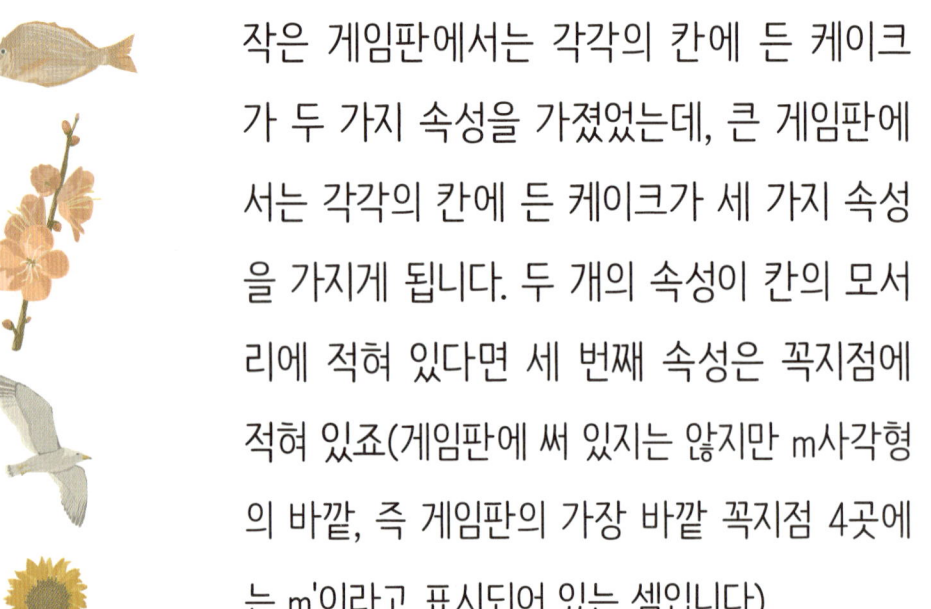

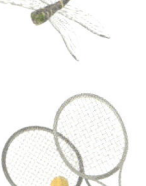

예를 들어 ㉯칸을 보죠. 이 칸에는 x, y', m이 보이는군요. 따라서 이 칸에 케이크가 있다면 그 케이크는 새롭고, 맛없고, 영양가 있는 케이크일 겁니다.

이번엔 ㉰칸을 볼까요? 양 모서리에 x', y', 그리고 바깥 꼭지점에 m'이라고 적혀 있는 셈이군요. 새롭지 않고, 맛없고, 영양가 없는 케이크가 들어갈 칸이네요(정말 최악의 케이크군요).

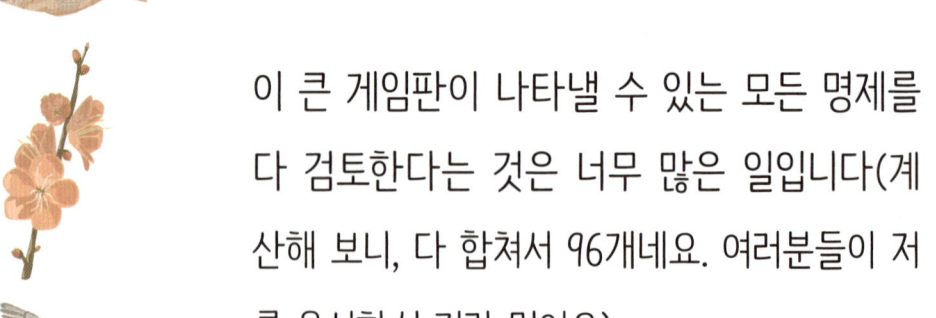

이 큰 게임판이 나타낼 수 있는 모든 명제를 다 검토한다는 것은 너무 많은 일입니다(계산해 보니, 다 합쳐서 96개네요. 여러분들이 저를 용서하실 거라 믿어요).

저는 이 책에서 본보기로 몇 가지만 보여 줘도 스스로 만족입니다. 몇 가지만 보여 주면 여러분 스스로 더 많은 것들을 해 볼 수 있을 테니까요.

우선 게임판의 위쪽 절반에 집중하여 명제의 주어를 '새로운 케이크'로 해 봅시다. 그럼 "그 어떤 새로운 케이크도 영양가가 없다"를 게임판 위에 어떻게 표현할 수 있을까요? 이 명제는 "그 어떤 x도 m이 아니다"라고 쓸 수도 있다는 걸 이미 알고 있겠죠? 그리고 그 의미는 m사각형에 들어갈 케이크는 하나도 없다는 겁니다. 즉 ㉮칸과 ㉯칸, 이 두 칸이 비어 있다는 의미로 다음 페이지 그림처럼 표시할 수 있습니다.

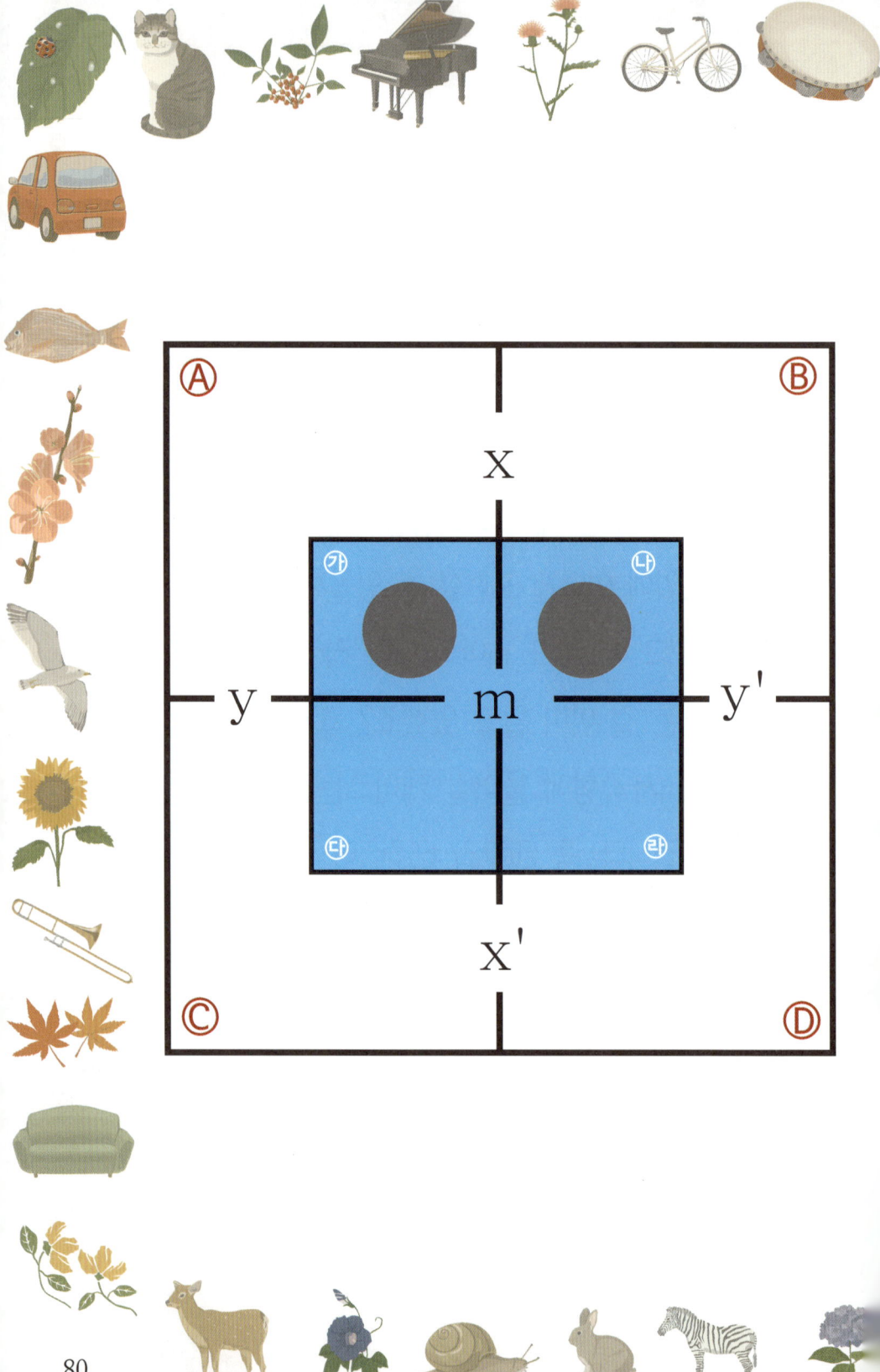

그럼 옆의 게임판과 반대되는 "어떤 x는 m이다"는 어떻게 표현할 수 있을까요? 가장 좋은 방법은 빨간 단추를 ㉮칸과 ㉯칸 사이의 선 위에 놓는 겁니다. 우리는 이렇게 울타리에 걸터 앉은 빨간 단추를 이미 본 적이 있어요(46페이지). 그 의미는 두 칸 중 하나는 차 있는데 현재로선 어느 쪽인지 모른다는 겁니다. 즉 새로운 케이크가 영양가는 있는데 맛이 있는지 없는지는 아직 모른다는 거죠. 우리는 이 같은 말을 다음 페이지의 게임판처럼 표현할 수 있어요.

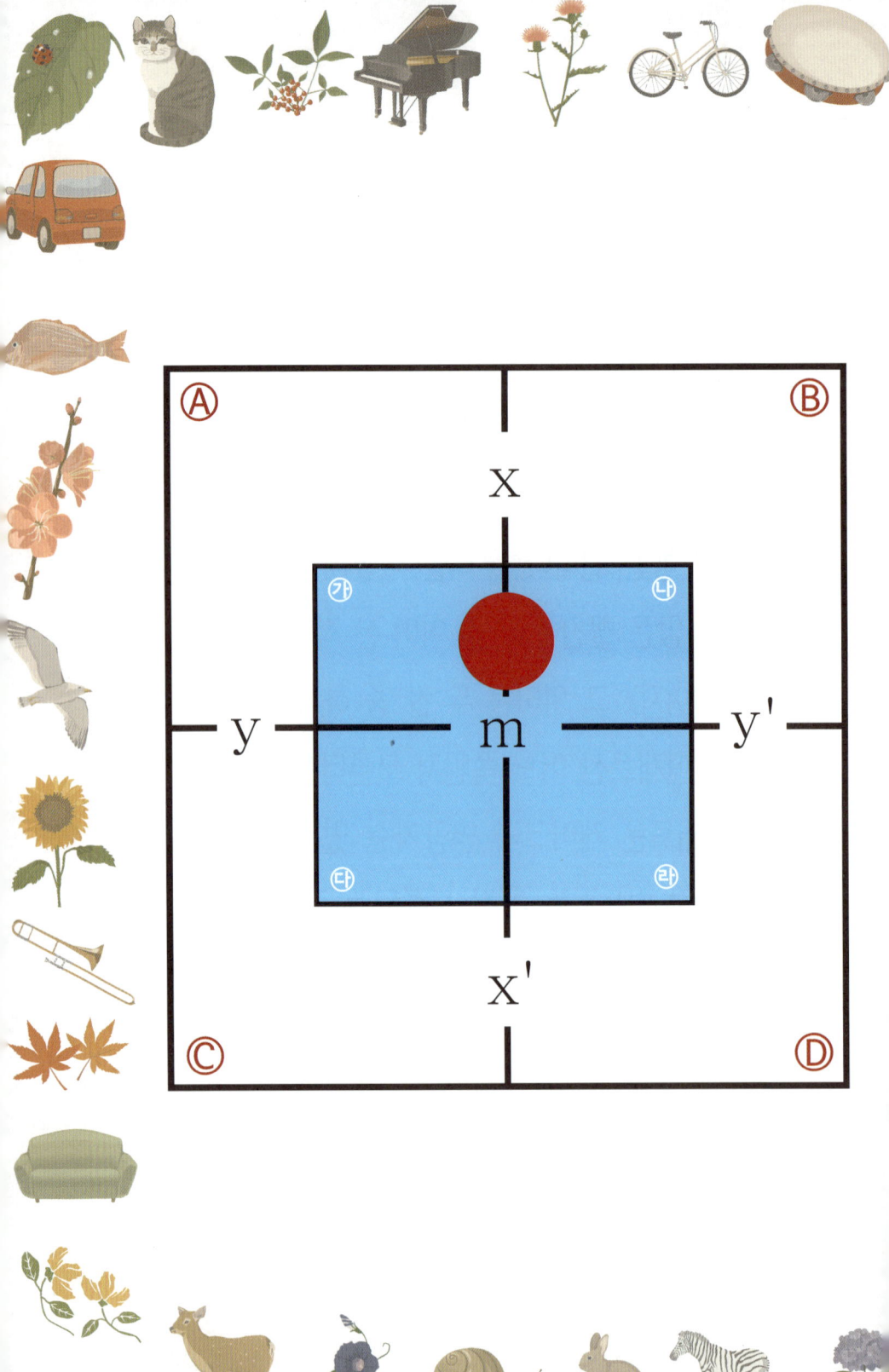

이번엔 "모든 x는 m이다"를 표현해 봅시다. 이 명제는 다음의 두 가지 명제로 구성된 것임을 우리는 알고 있습니다.

- 어떤 x는 m이다.
- 그 어떤 x도 m'이 아니다.

부정적인 문장부터 처리해 봅시다. 두 번째 명제는 게임판의 위쪽 절반에 속하는 그 어떤 케이크도 m사각형 바깥 구역에서는 발견되지 않는다는 걸 말합니다. 즉 Ⓐ칸과 Ⓑ칸, 이 두 칸이 비어 있다는 것이죠. 다음 페이지의 게임판 그림처럼 표시될 수 있겠네요.

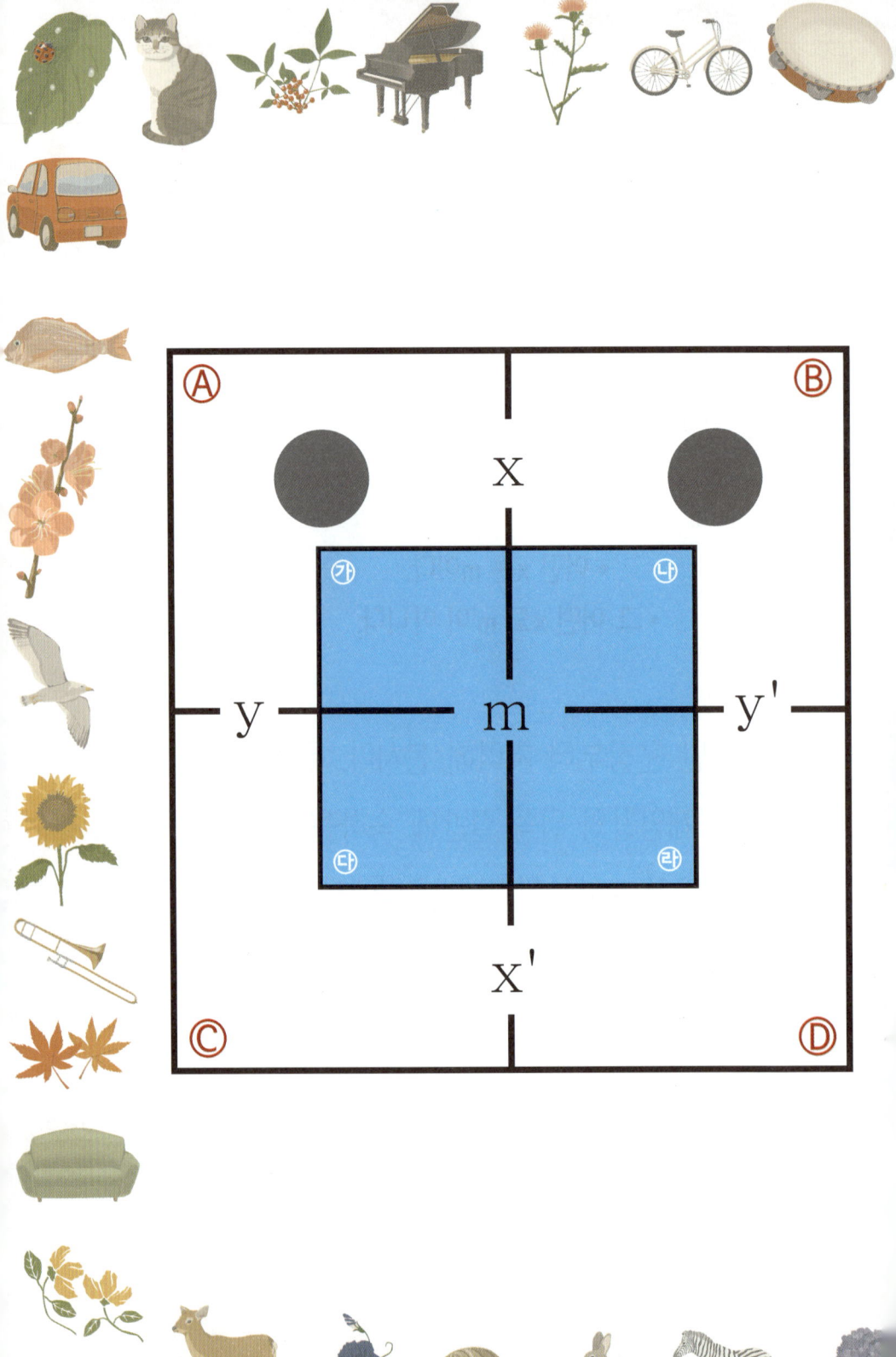

그러나 우리는 아직 첫 번째 명제 "어떤 x는 m이다"는 나타내지 못했습니다. 이 명제는 ㉮칸과 ㉯칸으로 이뤄진 가로로 긴 직사각형 안에 어떤 케이크가 들어 있음을 의미합니다. 그러므로 우리는 전에 했던 것처럼 두 칸의 중간 선 위에 빨간 단추를 놓아야 합니다. 다음 페이지와 같아요.

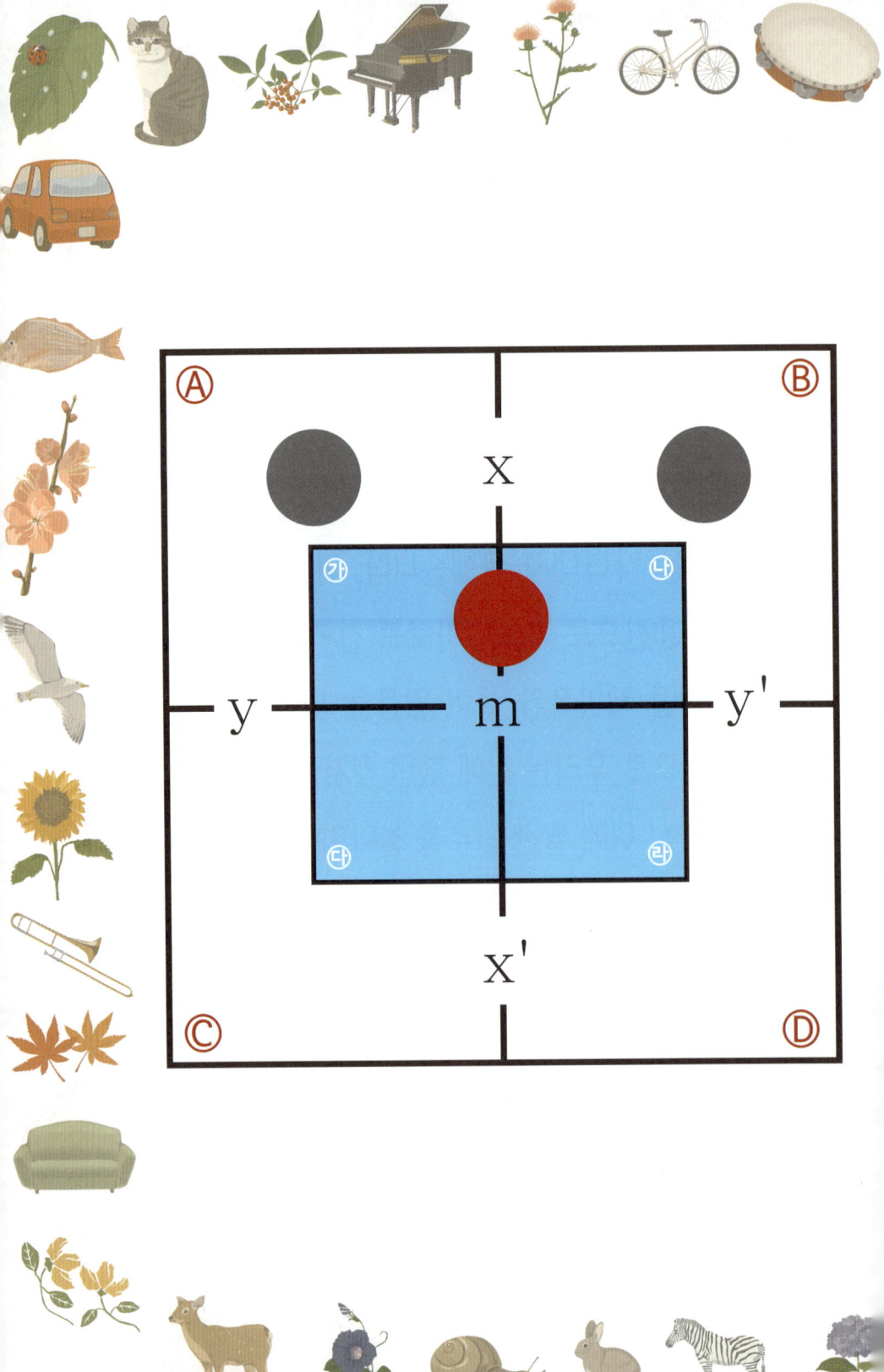

이제부터는 먼저 게임판을 보고 어떤 의미인지 해석에 도전해 봅시다. 다음의 게임판은 무엇을 의미할까요?

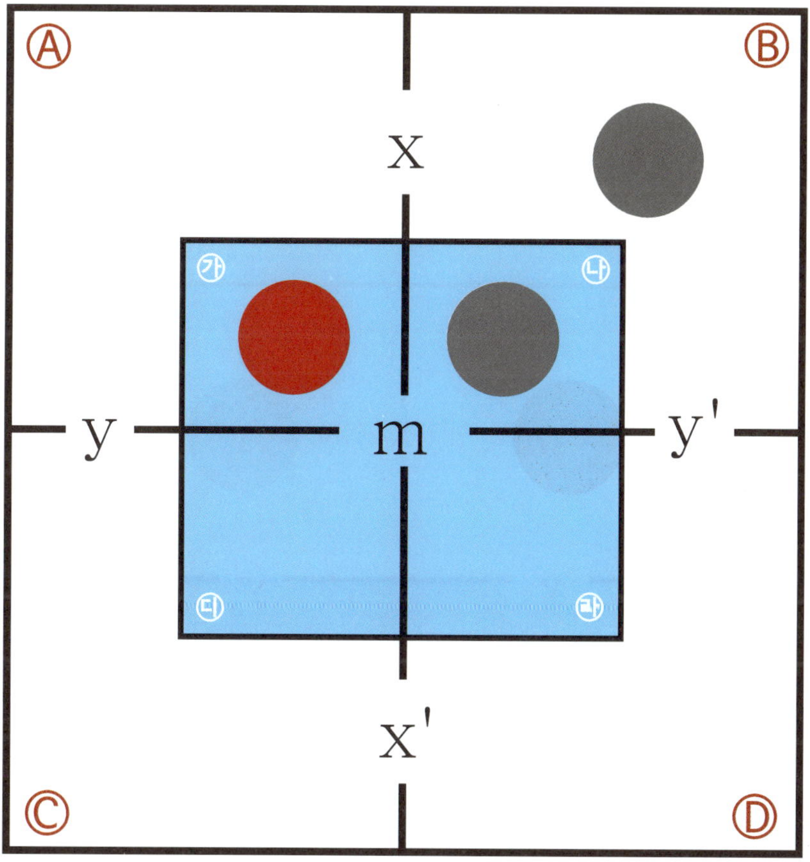

앞의 게임판은 xy'구역은 완전히 비어 있고, xy구역은 차 있다는 것을 의미합니다. 물론 m 사각형에 속한 부분만 그렇고 나머지 부분에 대한 정보는 없지만 xy구역에 뭔가가 들어 있는 것은 분명합니다. 만약 속성 m을 버리고 작은 게임판으로 옮겨 본다면 다음과 같겠죠.

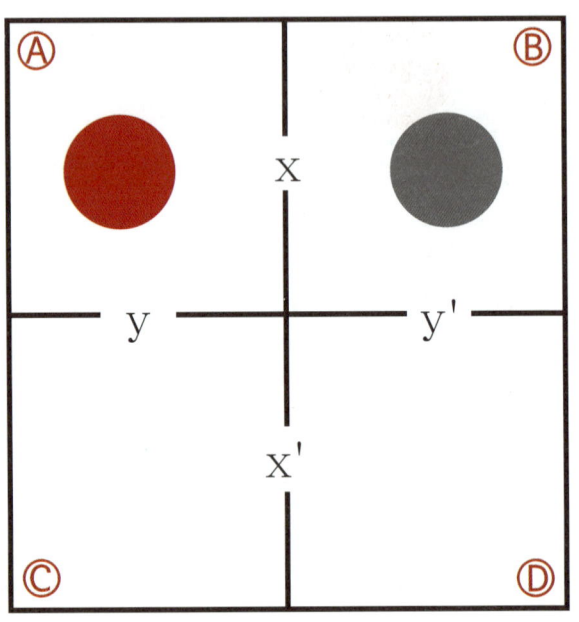

옆의 작은 게임판은 여러분도 아시다시피 "모든 x는 y다"를 의미합니다. 아래의 큰 게임판처럼 빨간 단추가 m사각형 밖에 있어도 결론은 전혀 달라지지 않아요.

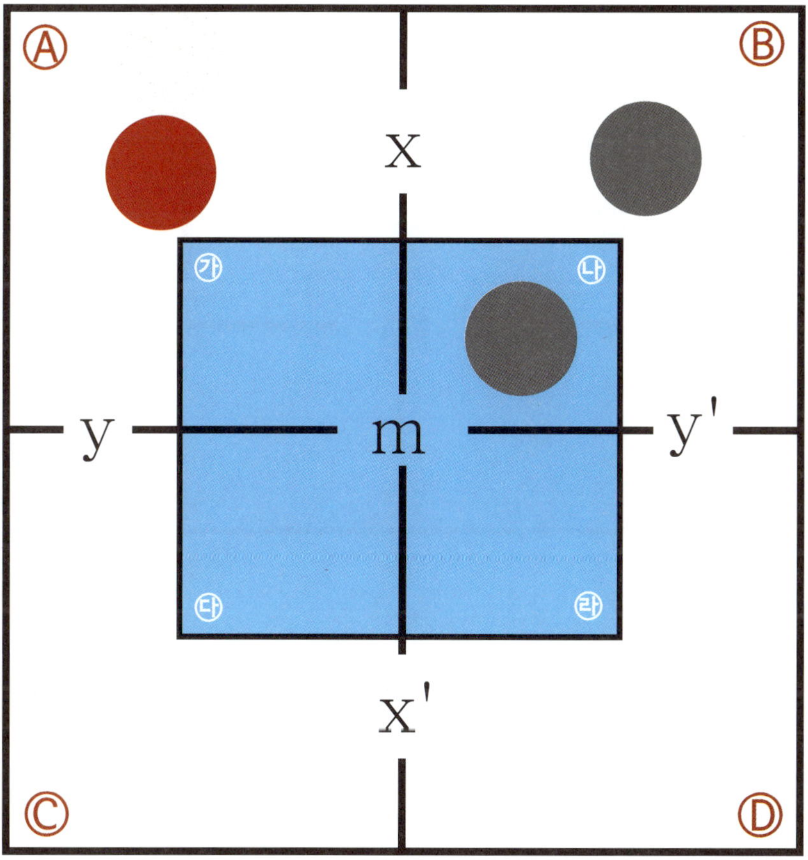

다른 걸 해 보죠. 다음은 어떻게 해석될까요?

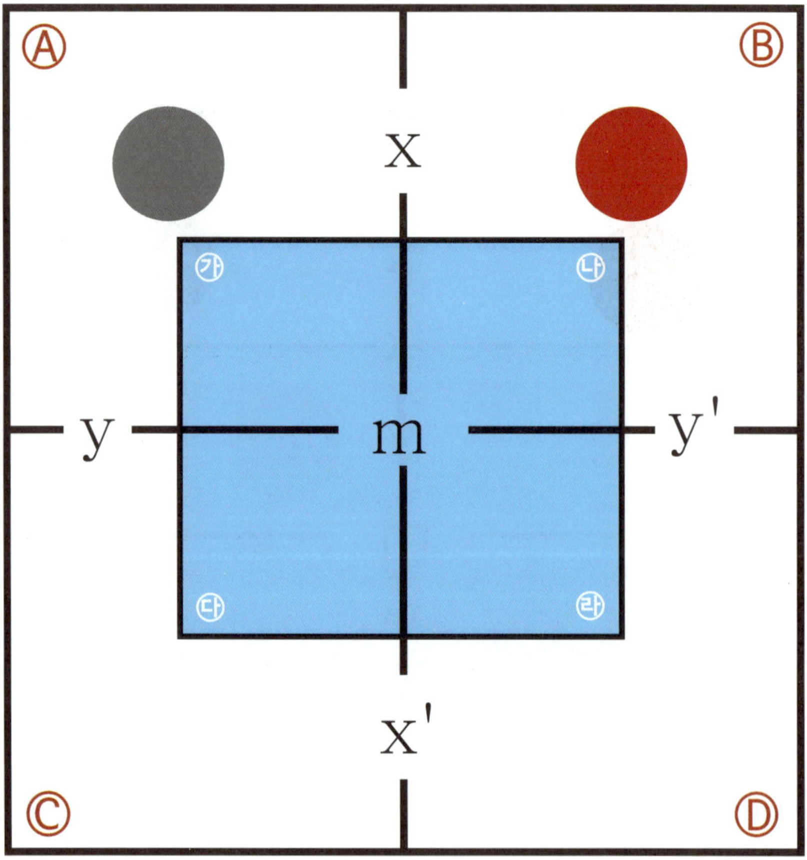

옆의 게임판에서 회색 단추는 xy구역 중 m사각형을 제외한 부분이 비어 있음을 의미합니다. 그러나 이 정보는 아무런 쓸모가 없습니다. m사각형이 포함된 부분에 대해서는 아무것도 알 수 없기 때문입니다. 만약 m사각형 부분 역시 비어 있다면 xy구역 전체가 비어 있는 것이지만, 차 있다면 xy구역에는 어쨌든 뭔가 들어 있다는 뜻이 됩니다. m사각형이 xy구역에 포함되어 있기 때문이죠. 따라서 회색 단추 하나로는 그 어떤 결론도 내릴 수 없습니다.

반면 xy'구역처럼 빨간 단추는 하나만 있어도 충분합니다. m사각형에 대한 정보는 없지만 xy'구역에 어떤 것이 들어 있다는 사실은 분명하니까요.

따라서 앞의 큰 게임판을 작은 게임판으로 옮겨 보면 단순히 다음과 같이 될 겁니다. 즉 "어떤 x는 y'다"를 의미합니다.

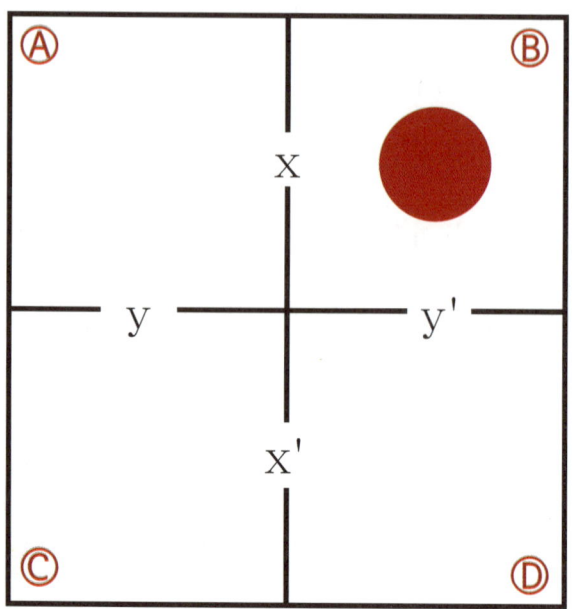

그럼, 아래의 게임판은 어떻게 해석될까요?

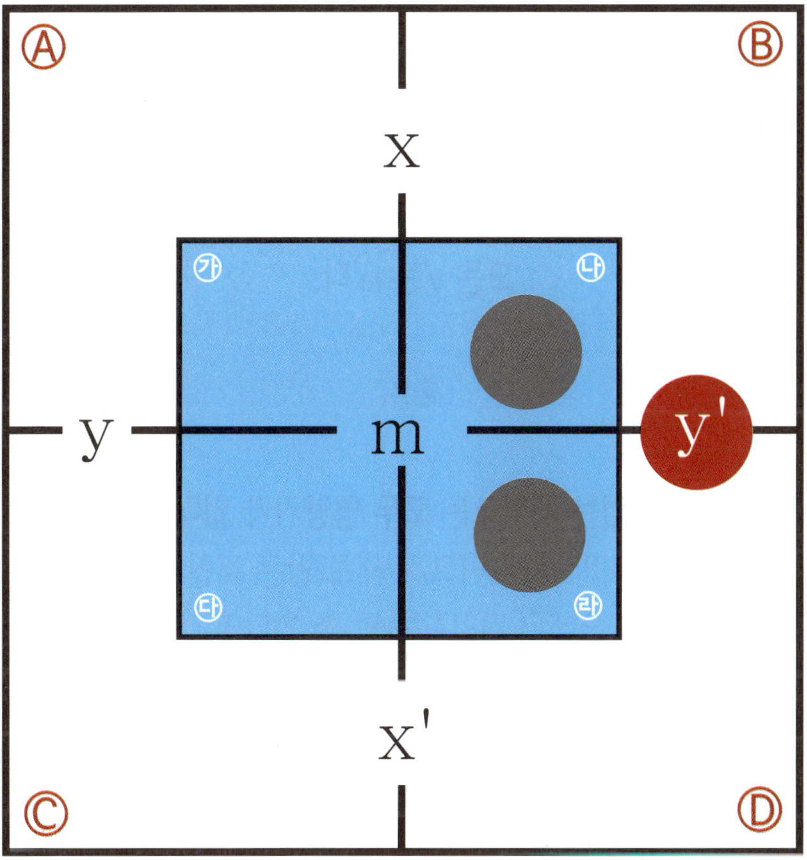

정답 :

모든 y'는 m'다.

혹은

맛없는 케이크는 모두 영양가가 없다.
(하지만 그 케이크가 새로 만든 것인지
오래된 것인지는 알 수 없다.)

마지막으로 게임판의 아래쪽에 단추들이 놓 인 다음의 그림을 해석해 볼까요?

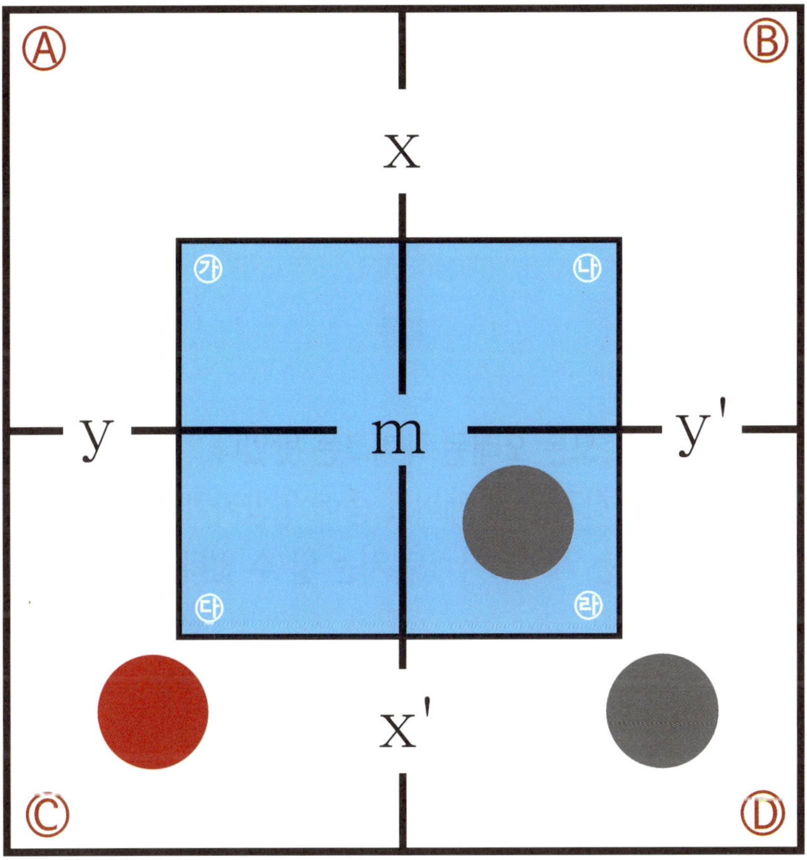

정답 :

모든 x'는 y다.

혹은

모든 오래된 케이크는 맛있다.
(하지만 그 케이크 중에 영양가가
있는 케이크가 있는지는 알 수 없다.)

그리고 우리는 앞의 큰 게임판을 아래와 같이 작은 게임판으로 옮길 수 있습니다.

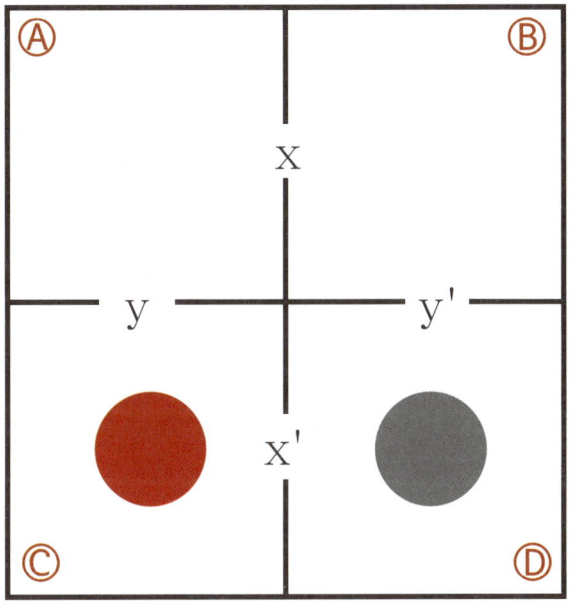

그런데 어차피 작은 게임판으로 옮길 거면서 왜 큰 게임판이 필요한지 잘 모르겠다구요? 잠시만 기다려보세요. 다음에 배울 삼단 논법에서 큰 게임판의 진짜 의미를 깨닫게 될 겁니다.

넷

삼단 논법

사물들의 세계를 서로 다른 세 가지 속성에 따라 구분한다고 해 봅시다. 우리는 이 세 가지 속성을 가지고 3개의 짝을 만들 수 있습니다(예를 들어 속성들이 a, b, c라면 우리는 ab, ac, bc, 이렇게 3개의 짝을 만들 수 있죠). 그런데 두 가지 짝만 있으면 나머지 하나의 짝에 대해서 저절로 알게 된다면 어떨까요? 이런 경우, 우리는 원래 있던 두 가지 짝을 '전제', 그리고 저절로 알게 되는 나머지 하나의 짝을 '결론'이라고 부를 수 있습니다. 그리고 이 모든 과정을 합쳐 "삼단 논법"이라고 하죠.

예를 들어 우리의 세계를 m, x, y, 이렇게 세 개로 나눈다고 해 보죠. 그리고 mx와 my가 포함된 다음의 두 가지 명제를 생각해 봅시다.

- 어떤 m은 x'다.
- 그 어떤 m도 y'가 아니다.

위의 두 가지 명제에 모두 등장하는 m과 같은 단어를 우리는 '중명사(中名辭)'라고 부릅니다. 왜냐하면 이 단어는 나머지 두 개의 단어들(x와 y)을 연결시키는 역할을 하기 때문입니다(m과 반대되는 속성을 나타내는 m' 도 마찬가지로 중명사가 될 수 있습니다).

그런데 이 중명사는 나머지 두 단어를 연결시키고 난 뒤에는 사라지게 마련입니다. 즉 자기 역할을 하고 나면 결론에는 등장하지 못한 채, 문 밖으로 쫓겨나는 것이죠. 자, 그럼 이제 다음의 두 가지 전제들에서 하나의 결론을 이끌어 내 봅시다.

- 어떤 새로운 케이크는 영양가가 없는 케이크다.
- 맛있는 케이크 중 영양가 없는 케이크는 없다.

지금까지 해 왔던 것처럼 이것을 빨간색, 회색 단추들로 표현하기 위해 우리는 케이크의 세계를 '새로운', '맛있는', '영양가 있는', 이렇게 세 가지로 나눌 필요가 있습니다.

그리고 앞에서와 같이 큰 게임판의 x를 '새로운'으로, y를 '맛있는'으로, m을 '영양가 있는'으로 이해해야 합니다. 또한 x', y', m'은 각각 반대의 의미라는 걸 기억하길 바랍니다.

한 가지 더 알아야 할 것은 m을 중명사로 활용할 때, 우리는 이 게임에 더 잘 적응할 수 있다는 거예요. 사실, 큰 게임판의 가운데 사각형에 m이라는 이름을 붙인 것도 중명사, 즉 middle term이 'm'으로 시작되기 때문이죠.

결론을 내기 위한 두 개의 전제 중 첫 번째 전제는 부정어로 된 명제가 좋습니다. 왜냐하면 '아무것도 없다'를 뜻하는 회색 단추는 언제나 확실한 제 위치를 찾을 수 있고 이렇게 제 자리를 잡은 회색 단추는 때때로 어느 곳에 두어야 할지 불확실한 빨간 단추의 자리를 찾는 데 도움을 주기 때문이죠. 그러므로 먼저 아래의 명제를 게임판에 표현해 봅시다.

- 맛있는 케이크 중 영양가가 없는 케이크는 없다.

이 명제는 "그 어떤 y케이크도 m'(케이크)가 아니다"로도 표현될 수 있습니다. 그러므로 우리는 옆 페이지처럼 Ⓐ과 ⓒ, 두 칸은 비어 있다는 의미로 회색 단추를 두어야 합니다.

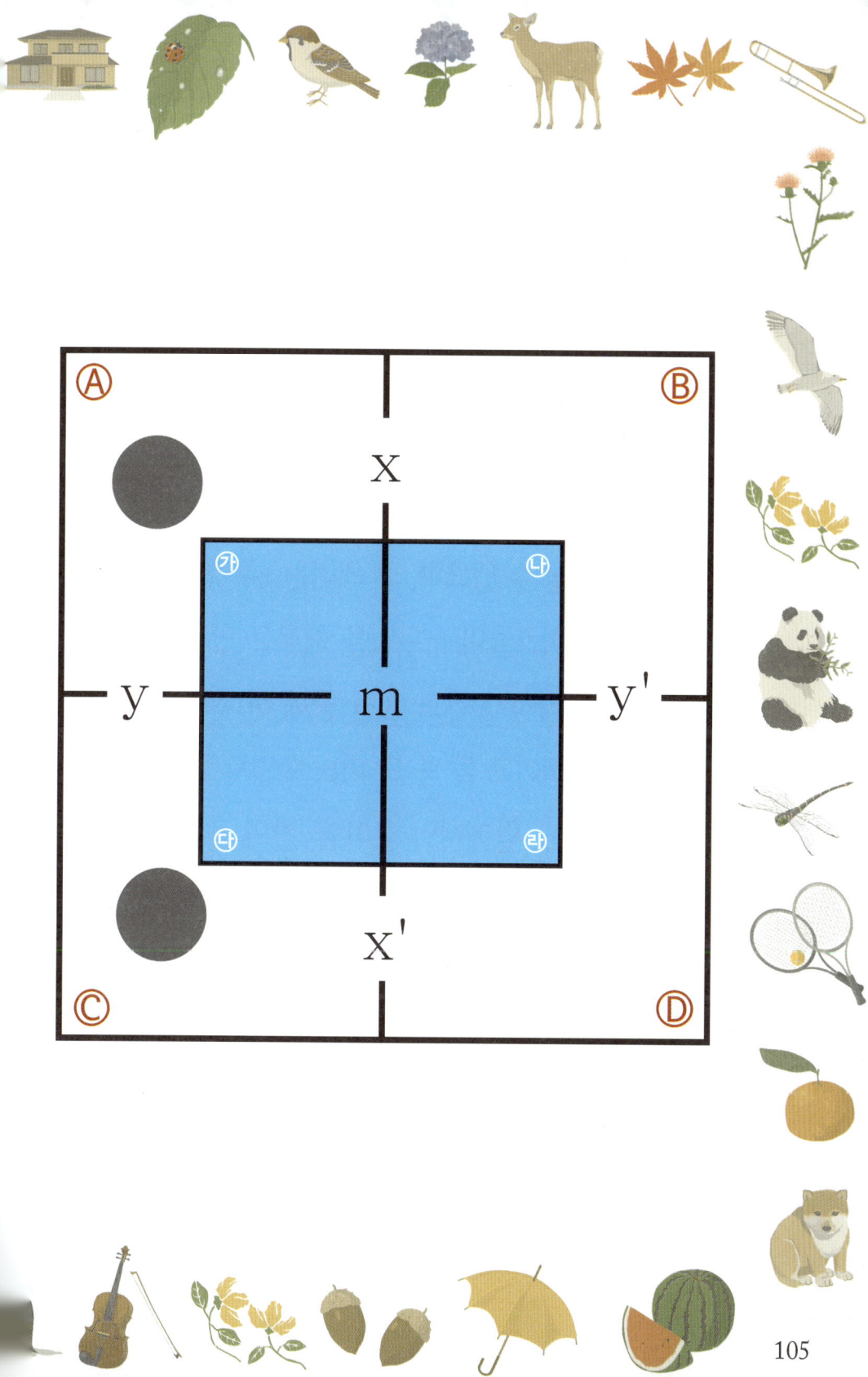

이제 두 번째 전제를 살펴 봅시다.

• **어떤 새로운 케이크는 영양가가 없는 케이크다.**

이 명제는 "어떤 x케이크는 m'(케이크)다"로도 표현될 수 있으며, 그 의미는 x구역에 있는 어떤 케이크들이 m'구역을 채우고 있다는 겁니다. 따라서 Ⓐ칸과 Ⓑ칸 중에 하나가 차 있다는 의미이고 둘 중 그 어느 쪽인지 알 수 없기 때문에, 앞에서와 같이 두 칸의 가운데 경계선에 빨간 단추를 두어야 하지만 이번에는 앞선 전제를 통해 Ⓐ칸은 비어 있다는 것이 명확해졌음으로, 우리는 빨간 단추를 Ⓑ칸에 두어야만 합니다. 옆 페이지와 같이 말이죠.

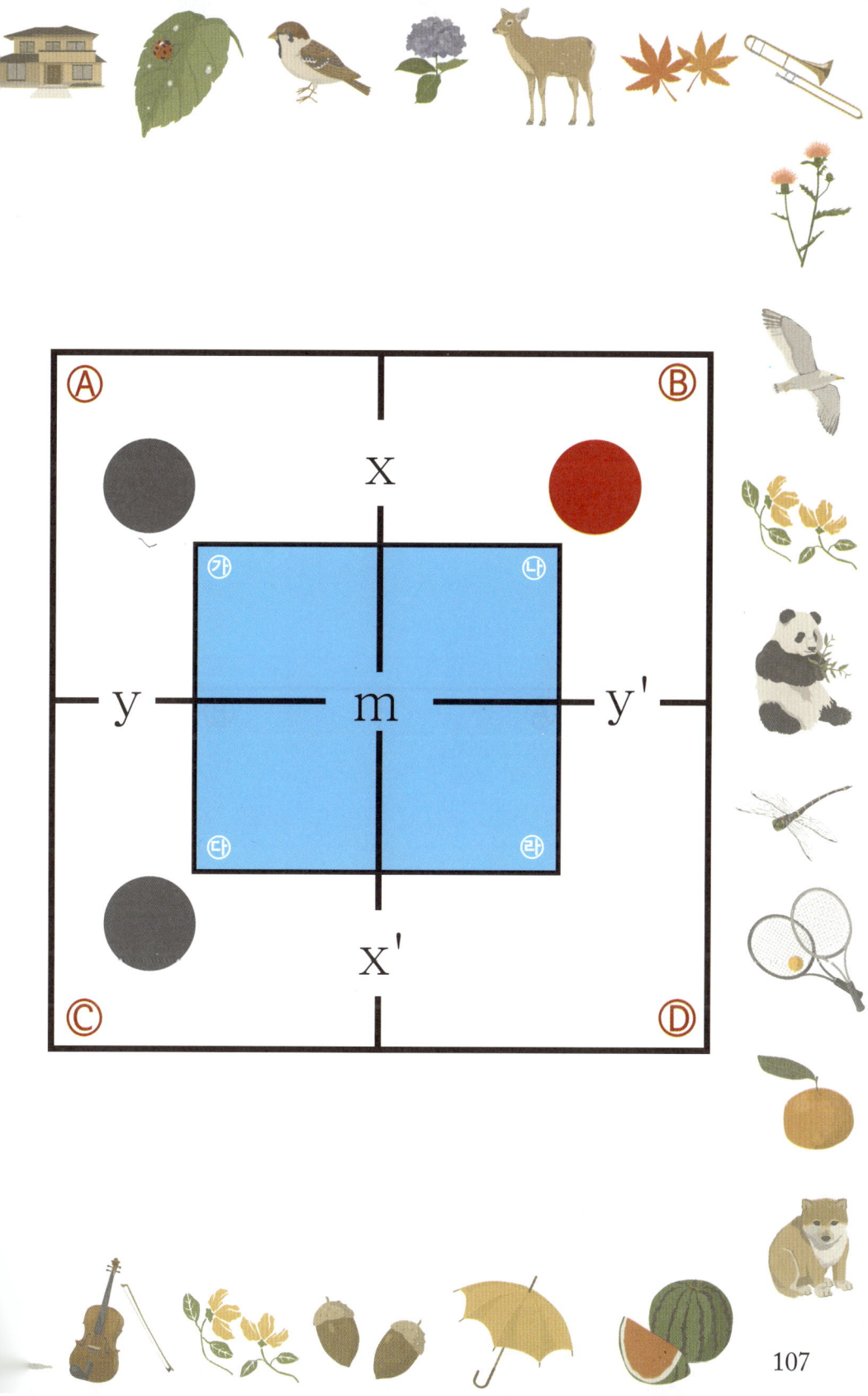

이제 이 정보들을 작은 게임판으로 옮겨 m을 제거하면 우리는 x, y로만 된 어떤 명제를 얻어낼 수 있을까요? 지금부터 작은 게임판의 칸을 하나씩 하나씩 점검해 봅시다.

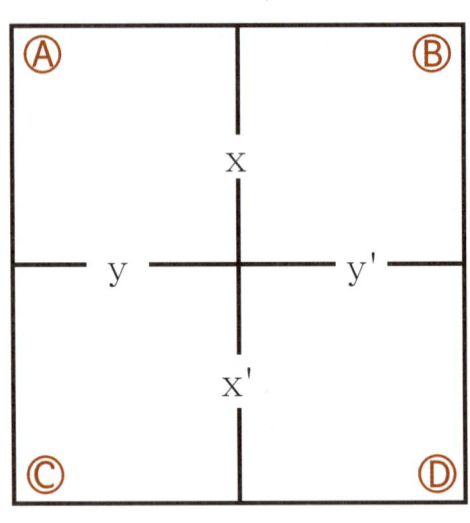

첫째, Ⓐ칸. 이 칸에 대해 우리가 알고 있는 전부는 그 칸의 일부분은 비어 있다는 것입니다. 그 밖의 다른 영역에 대해서는 아는 것이 전혀 없죠. 비어 있거나 차 있거나 둘 중 하나겠지만, 그 누가 그걸 알 수 있겠습니까? 그래서 우리는 이 칸에는 그 어떤 단추도 놓을 수 없습니다.

둘째, Ⓑ칸은 어떻습니까? 우리는 그 칸의 일부분에 뭔가가 있다는 걸 압니다. 그 안쪽 영역까지 차 있는지, 비어 있는지는 알 수 없는 게 사실이지만 그게 무슨 문제란 말입니까? <mark>어떤 칸의 한 구석에 단 하나의 케이크만 있어도 우리는 "이 칸은 차 있다"라고 말하는 데 주저할 필요가 없습니다.</mark> 그래서 우리는 Ⓑ칸에 빨간 단추를 둘 수 있죠.

셋째, ⓒ칸은 Ⓐ칸과 마찬가지입니다. 이 칸의 일부분은 비어 있다는 걸 알지만 그 누구도 나머지 부분이 비어 있는지 차 있는지는 알 수 없습니다. 때문에 우리는 이 칸에 그 어떤 표시도 할 수 없습니다.

넷째, Ⓓ칸에 대해서는 정말 아무런 정보가 없습니다. 결국 결과는 다음과 같습니다.

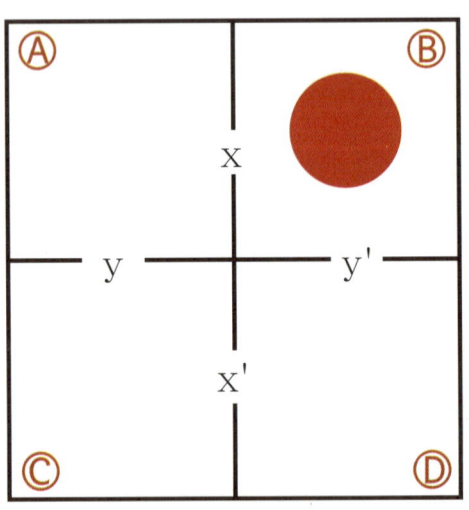

우리는 xy'구역에 빨간 단추가 놓여 있다는 다소 빈약한 정보를 가지고 결론을 내놓아야만 합니다. 우리의 결론은 "어떤 x는 y'다", 즉 "어떤 새로운 케이크는 맛이 없다"입니다. 만약 y'를 주어로 쓰는 걸 더 좋아한다면 "어떤 맛없는 케이크는 새로 만든 것이다"라고 쓸 수도 있습니다. 그러나 x를 주어로 쓰는 것이 더 깔끔한 표현처럼 느껴지네요.

이제 우리가 만든 삼단 논법 전체를 정리해서 나열해 봅시다.

- 맛있는 케이크 중 영양가가 없는 케이크는 없다.
- 어떤 새로운 케이크는 영양가가 없는 케이크다.
    (그러므로)
- 어떤 새로운 케이크는 맛이 없다.

이제 여러분은 생애 첫 삼단 논법을 성공적으로 끝마쳤습니다. 축하합니다! 그러나 이것은 계속될 영광의 시작일 뿐입니다.

앞선 것보다 좀 더 어려운 삼단 논법에 도전해 봅시다. 지금부터는 혼자 이 게임에 남아 있는 것도 좋지만, 게임을 함께 할 능력 있고 의욕 있는 친구를 찾으면 더 좋을 거예요.

먼저 두 개의 전제를 살펴봅시다.

- 모든 용들은 영리하지 않다.
- 모든 스코틀랜드인들은 영리하다.

한편, 전제로 쓰인 명제들을 모두 그대로 믿으면 안 된다는 걸 기억하시길! 왜냐하면 저는 단 한 번도 용을 진짜로 본 적이 없거든요. 그런데 논리를 배우고 있는 우리들에게 전제가 진실이냐 거짓이냐는 거의 중요하지 않아요. 우리가 해야 할 것은 오로지 논리적으로 결론을 이끄는 것뿐입니다. 전제들이 사실이라면, 결론 또한 사실이 되도록 생각을 정리하면 되는 거예요.

이제 우리는 케이크를 버려야 합니다. 더 넓은 세상으로 나아가야 하니까요. 우리는 기임판을 용들과 스코틀랜드 사람들이 살고 있는 세계로 바뀌야 합니다. 그런 '종족'들이 사는 세상이라고나 할까요?

- 모든 용들은 영리하지 않다.
- 모든 스코틀랜드인들은 영리하다.

<mark>위의 두 가지 전제에서 "영리한"이 중명사라는 걸 알아챘길 바랍니다.</mark> 우리는 이 단어를 m이라고 쓰기도 할 거예요. 그리고 x는 용, y는 스코틀랜드인을 나타냅니다.

이 두 가지 전제는 다음과 같이 길게 쓸 수도 있습니다.

- 모든 용 종족은 영리하지 않은 종족이다.
- 모든 스코틀랜드인 종족은 영리한 종족이다.

또한 다음과 같이 기호를 사용해 간략하게 나타낼 수도 있죠.

- 모든 x는 m'이다.
- 모든 y는 m이다.

첫 번째 전제 "모든 x는 m'이다"는 여러분들도 이미 아시다시피 다음과 같은 두 가지 명제로 이뤄졌습니다.

- 어떤 x는 m'이다.
- 그 어떤 x도 m이 아니다.

그리고 두 번째 전제 "모든 y는 m이다" 역시 다음과 같은 두 가지 명제로 나눌 수 있습니다.

- 어떤 y는 m이다.
- 그 어떤 y도 m'이 아니다.

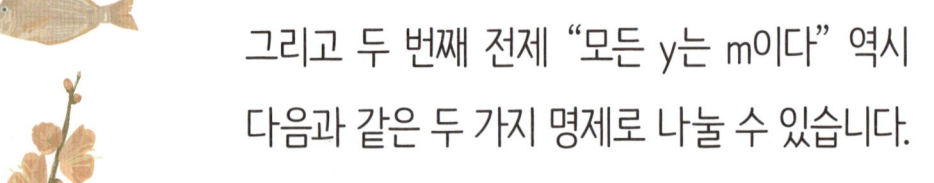

이제 4개가 된 전제들 중 부정어로 된 명제들을 먼저 다루어 봅시다. 옆 페이지 그림 중 위쪽 그림이 "그 어떤 x도 m이 아니다"이고 아래쪽 그림이 "그 어떤 y도 m'이 아니다"입니다. 더 이상의 설명은 필요 없겠죠?

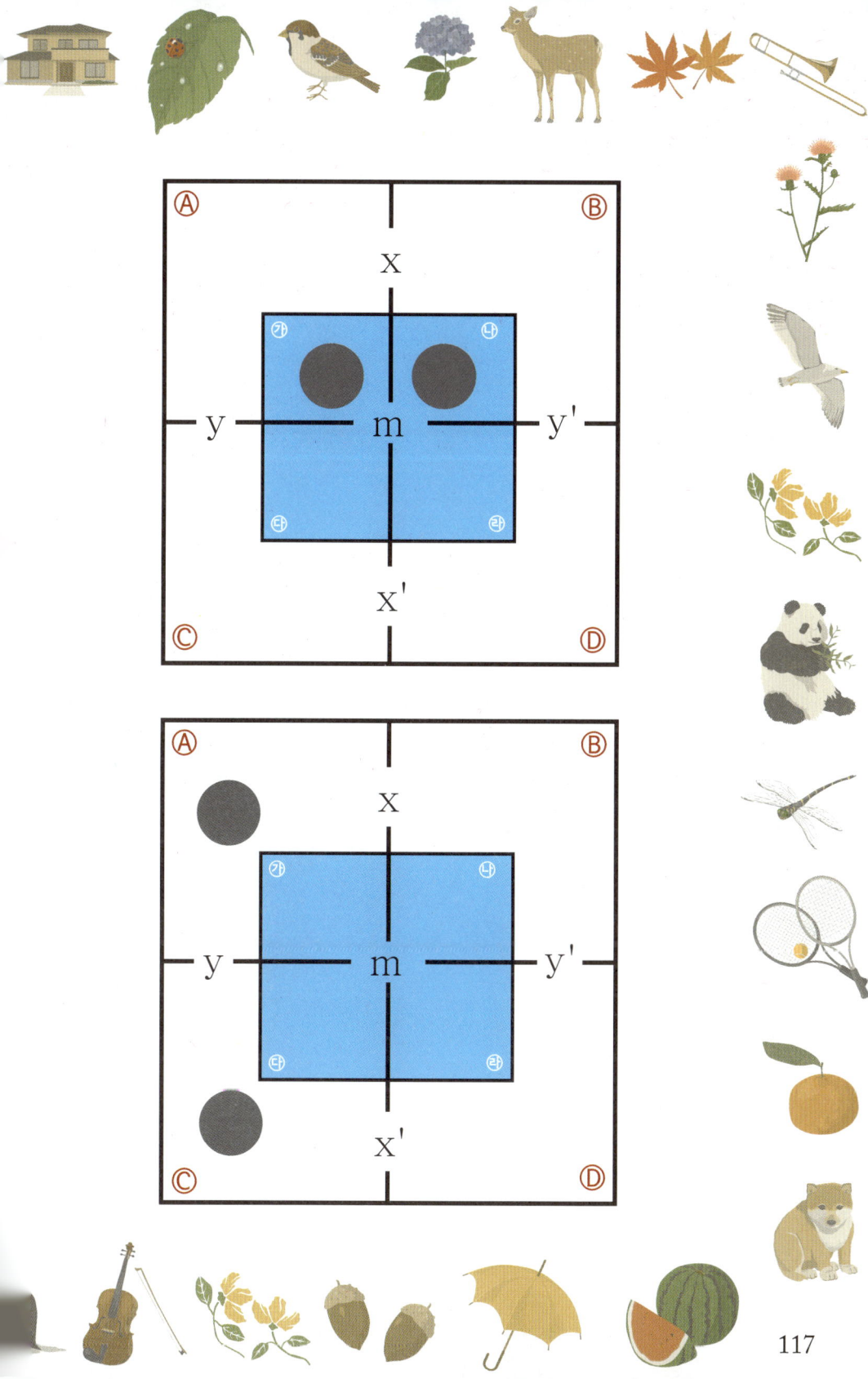

그리고 앞의 두 그림을 합쳐 보면 아래와 같습니다.

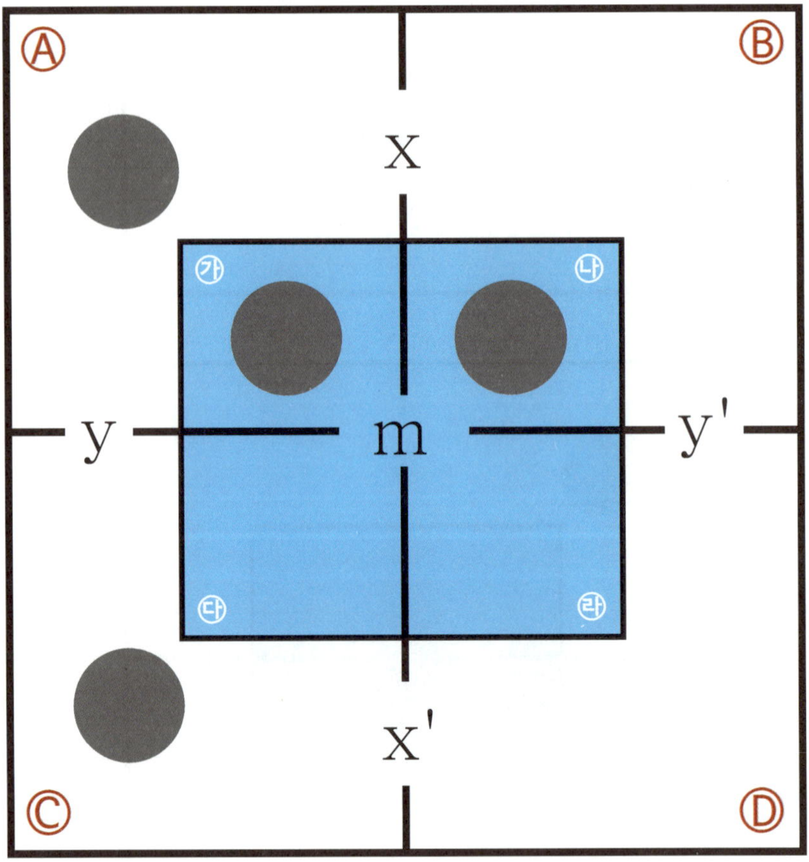

이번엔 두 가지 긍정문을 표현해 봅시다. "어떤 x는 m'이다"와 "어떤 y는 m이다"였죠.

xm'구역에서 남은 자리는 Ⓑ칸뿐이므로 빨간 단추의 자리는 Ⓑ칸입니다.

마찬가지로 ym구역에서 남은 자리는 ㉰칸뿐이므로 빨간 단추가 갈 자리는 ㉰칸입니다.

이 모든 것을 합쳐 보면 최종적으로 다음 페이지와 같은 그림이 됩니다.

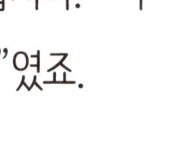
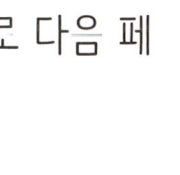

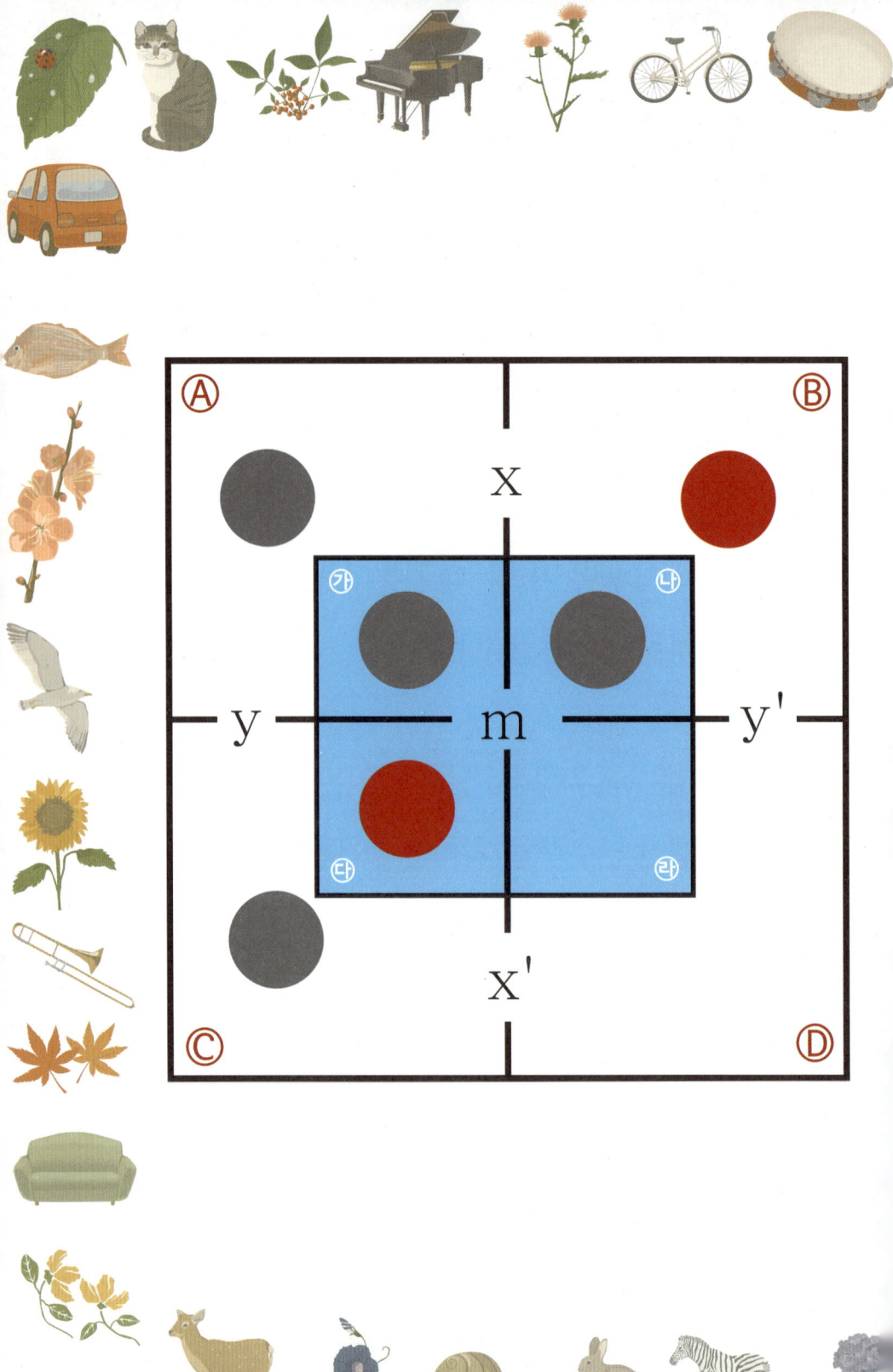

그럼 이제 중명사(m)를 쫓아내 버리고 각각의 정보를 작은 게임판으로 옮겨 볼까요? 작은 게임판에 포함된 4개의 칸을 하나씩 하나씩 살펴보는 겁니다.

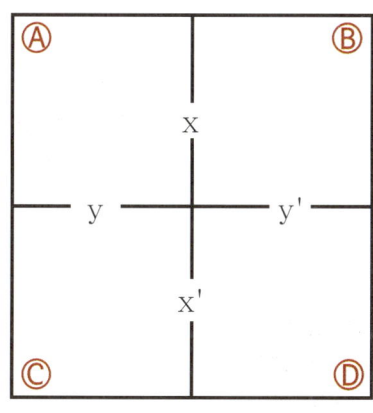

Ⓐ칸은 통째로 비어 있습니다(안팎으로 회색 단추가 놓여 있으니까요).

Ⓑ칸은 차 있습니다(한 구석만 차 있어도 그 칸 전체는 차 있는 겁니다).

Ⓒ칸도 Ⓑ칸과 마찬가지입니다.

Ⓓ칸에 대해서는 아무 정보도 없습니다.

모두 종합해 본 작은 게임판의 모습은 다음과 같습니다.

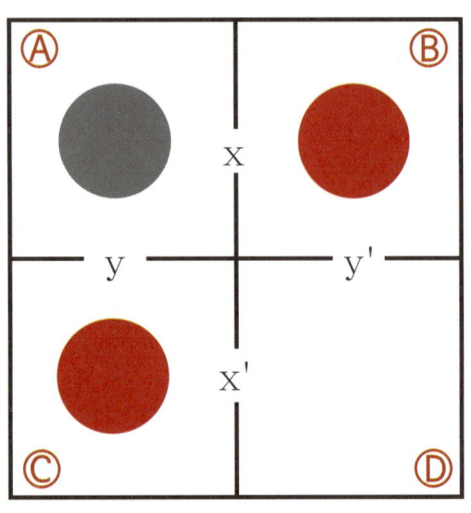

이 그림에서 우리는 어떤 결론을 끌어낼 수 있을까요? 이렇게 여러 정보가 담긴 그림을 단 하나의 명제로 표현하는 건 불가능합니다.

그래서 이번에는 결론을 두 개의 명제로 나누어야 합니다.

첫째로, x를 주어로 해서 우리는 "모든 x는 y'다"라는 명제를 만들 수 있고 이것은 곧 "모든 용 종족은 스코틀랜드인이 아니다"라는 의미입니다.

둘째로, y를 주어로 해서 우리는 "모든 y는 x'다"라는 명제를 만들 수 있고 이것은 곧 "모든 스코틀랜드인은 용 종족이 아니다"라는 의미입니다.

- 모든 용들은 영리하지 않다.
- 모든 스코틀랜드인들은 영리하다.

따라서 우리는 위와 같은 두 개의 전제에서 출발하여 아래와 같은 한 쌍의 결론을 이끌어 낼 수 있습니다.

- 모든 용 종족은 스코틀랜드인이 아니다.

혹은

- 모든 스코트랜드인은 용 종족이 아니다.

다섯

오류

지금까지 배운 논리 게임을 실제 생활에서 활용할 수 있을까요? 그렇게 되기만을 바랍니다. 여러분이 신문이나 잡지를 읽다가 잘 이해가 되지 않는 주장을 발견했다면 그것은 둘 중 하나일 겁니다. 나열된 내용으로는 그 어떤 결론도 낼 수 없는 경우, 혹은 앞서 나열된 내용은 그럴 듯한데 완전 엉뚱한 결론을 내린 경우입니다.

첫 번째 경우에 여러분은 "전제들에 오류가 있다"라고 말할 수 있고, 두 번째 경우에는 "결론에 오류가 있다"라고 말할 수 있습니다.

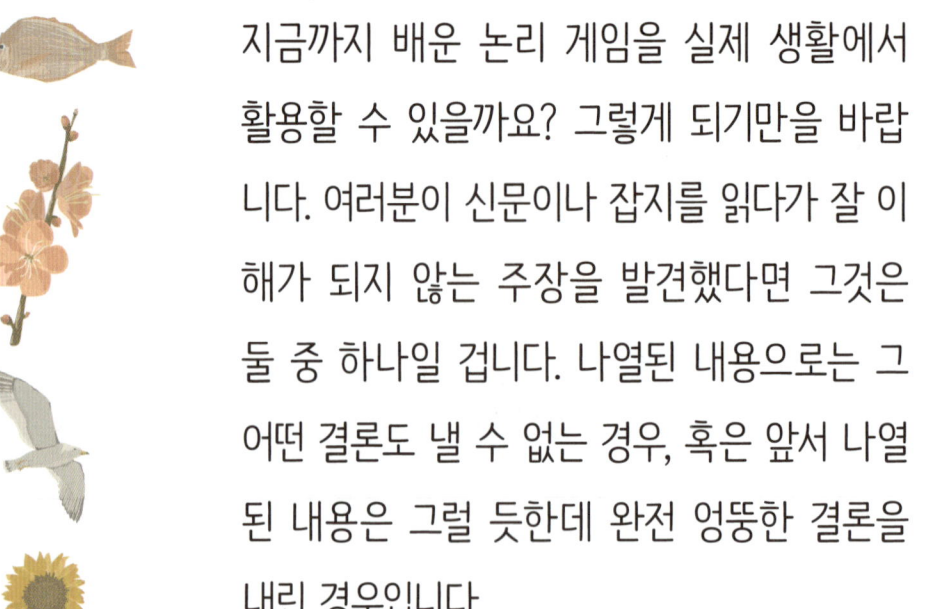

이 책에서 소개하고 있는 논리 게임의 가장 유용한 점은 이와 같은 두 가지 종류의 오류를 알아챌 수 있는 능력이 생긴다는 겁니다. 첫 번째 종류의 오류, 즉 전제의 오류는 큰 게임판에 표시를 마치고 그것을 작은 게임판으로 옮길 때 알아챌 수 있습니다. 여러분은 작은 게임판에 포함된 4개의 칸을 하나씩 하나씩 보면서 "이 칸에는 어떤 단추를 놓아야 하지?"라고 질문할 겁니다. 그런데 4개의 칸 모두 "정보 없음"이 나온다면? 그것은 그 어떤 결론도 내릴 수 없다는 뜻입니다.

예를 들어보죠.

- 모든 군인들은 용감하다.
- 어떤 영국인은 용감하다.
  (그러므로)
- 어떤 영국인은 군인이다.

삼단 논법 치고는 어설프기만 합니다. 모두 긍정문인데다가 보편명제와 특수명제가 섞여 있어 아무런 결론도 내릴 수 없는 이런 전제를 늘어놓는 것은 경험이 부족한 논리가들이 흔히 저지르는 실수죠. 하지만 이 책을 여기까지 읽어 온 당신은 전제들을 살펴 본 다음 침착하게 "전제에 오류가 있군"하고 말해 주면 됩니다. 그리고 이런 삼단 논법을 쓴 사람이 내린 결론은 들어볼 필요도 없습니다. 왜냐하면 전제에 오류가 있으면 그 어떤 결론을 내린다고 해도 그건 틀린 결론이기 때문입니다.

(옆 페이지와 같은 결론을 내기 위해서는 "영국인이 아니면 용감하지 않다"는 전제 정도는 있어야 합니다).

또 다른 오류인 결론의 오류는 두 개의 게임판에 단추들을 다 표시해 보기 전까지는 알아챌 수 없습니다. 먼저 여러분이 정확한 결론을 내리는 것이 우선이고, 그 다음 다른 사람이 내린 결론과 비교해 보면서 그 사람의 오류를 밝혀낼 수 있을 겁니다. 그러나 자신이 내린 정확한 결론과 다른 사람의 결론이 똑같지 않다는 이유만으로 "결론의 오류"라고 말해서는 안 된다는 걸 기억하세요. 그 결론이 정확한 결론의 한 부분일 수도 있고 경우에 따라서는 그런대로 맞는 결론일 수도 있기 때문입니다.

이러한 경우에 여러분은 동정 어린 미소를 띠며 "불완전한 결론이군", 이렇게 말해 주면 됩니다. 이와 관련된 다음의 삼단 논법을 살펴 보죠.

- 모든 이기적이지 않은 사람은 관대하다.
  - 그 어떤 구두쇠도 관대하지 않다.

(그러므로)
- 그 어떤 구두쇠도 이기적이지 않지 않다.

x를 '이기적인', y를 '구두쇠', m을 '관대한'으로 해서 위의 전제들을 기호로 간략하게 표현하면 다음과 같습니다.

모든 x'는 m이다.
그 어떤 y도 m이 아니다.

이 같은 두 가지 전제에서 나올 수 있는 정확한 결론은 "모든 x'는 y'이다"일 겁니다(즉, 이 기적이지 않은 사람은 모두 구두쇠가 아니다). 반면 처음 제시된 삼단 논법의 결론을 기호로 간단하게 다시 표현하면 "그 어떤 y도 x'가 아니다"입니다. {이것은 "그 어떤 x'도 y가 아니다"라는 말과 같고(같은 칸에 회색 단추), 결국 정확한 결론인 "모든 x'는 y'이다"의 일부분입니다}. 바로 이럴 때 우리는 "불완전한 결론"이라고 말하면 되는 겁니다. 이와 똑같은 일이 제과점에서도 일어날 수 있습니다. 한 작은 소년이 제과점으로 들어와 500원을 내려놓고 1000원짜리 빵을 들고 당당하게 나가려는 것을 보고 주인이 애처롭게 "이건 모자라지만... 불쌍한 녀석"하고 말하면서 그냥 빵을 쥐어 돌려보내는 것과 같은 것이죠.

하지만 그 뒤에 남겨진 당신이 제과점 주인에게, 저도 소년과 같은 돈으로 빵을 줄 수 없겠냐고 묻는다면 그 주인은 이렇게 대답할 겁니다. "어림 반 푼어치도 없는 소리!"

그런데 위의 예에서 "모든 구두쇠는 이기적이다(즉 모든 y는 x다)"라는 결론을 이끌어 내는 사람이 있다면 그에게는 가차없이 "결론의 오류"라고 말할 수 있습니다. 왜냐하면 그 결론은 정당한 권리를 넘어서는 것이기 때문입니다(앞 페이지와 같은 전제에서는 y 전체를 긍정어로 묘사하는 보편명제를 만들 수 없습니다. 즉 xy영역에 빨간 단추를 놓을 수 있는 근거가 없습니다).

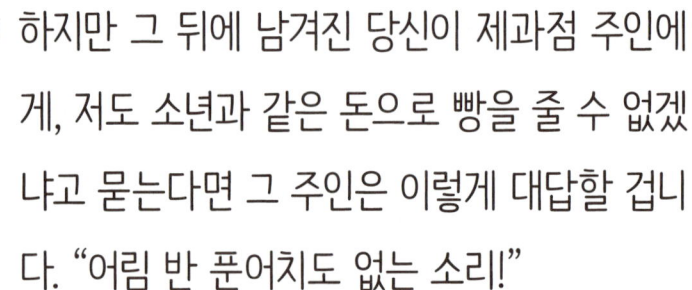

'오류'에 대한 이번 장은 게임판 그림 없이 오직 말로만 설명했는데 잘 이해가 됐나요? 아마 여러 번 읽어 보아야만 이해가 될 겁니다. 그래도 잘 이해가 되지 않는다면 큰 게임판과 작은 게임판에 빨간 단추와 회색 단추를 놓아 보면서 차근차근 살펴 보세요. 그럼 훨씬 쉬워질 테니까요.

마찬가지로 일상 생활에서 논리가 뭔지, 논리적으로 말하는 게 뭔지 헷갈릴 때면 항상 우리의 게임판을 떠올리세요. 큰 게임판과 작은 게임판에 정확한 단추를 올려 놓는 것, 바로 그게 논리적으로 생각하고 말하는 것과 같은 거예요. 그렇게 계속 연습하다 보면 여러분은 어느새 말도 잘하고, 글도 잘 쓰고, 수학도 잘하는 사람이 되어 있을 거예요!

여섯

연습 문제

문제 1.

다음의 명제들을 각각 두 개의 명제로 분리해 보세요(명제의 내용이 사실이냐 아니냐는 따지지 않아도 됩니다. 논리적으로 결과를 만들어내는 데 집중하세요).

(1) 모든 호랑이는 사납다.
(2) 모든 삶은 달걀은 몸에 해롭다.

정답 :

(1) 모든 호랑이는 사납다.

어떤 호랑이는 사납다.
사납지 않은 호랑이는 없다.

(2) 모든 삶은 달걀은 몸에 해롭다.

어떤 삶은 달걀은 몸에 해롭다.
몸에 해롭지 않은 삶은 달걀은 없다.

문제 2.

x를 '심판', y를 '공정한'이라고 할 때 아래의 명제들을 각각 작은 게임판으로 표현해 보세요.

(1) 어떤 심판들은 공정하지 않다.
(2) 모든 심판들이 공정하다.

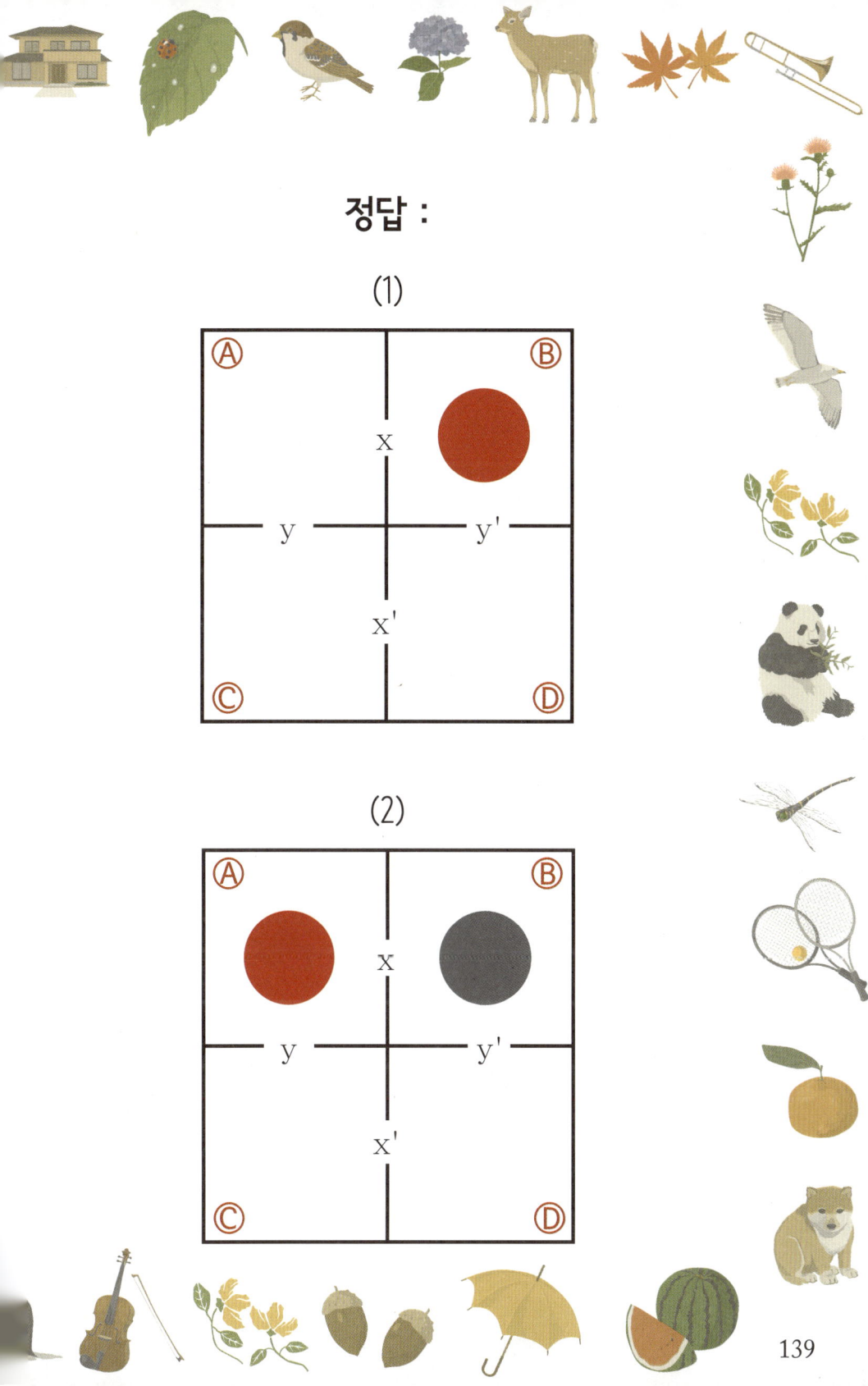

문제 3.

x를 '벽돌로 지은', y를 '2층'이라고 할때, 아래의 작은 게임판을 '집'에 대한 명제로 해석해 보세요.

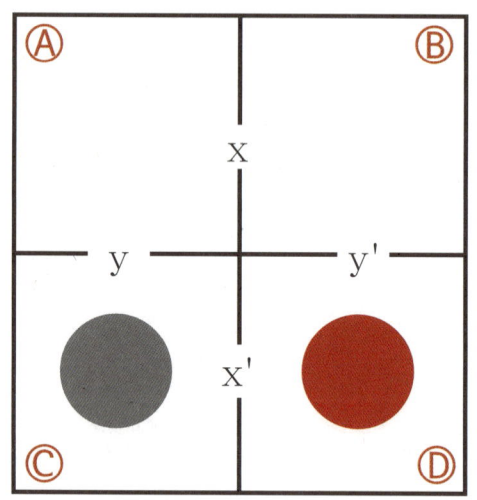

정답 :

모든 x'는 y'다.
- 벽돌로 짓지 않은 모든 집은 2층이 아니다.

문제 4.

x를 '뚱뚱한', y를 '활동적인'이라고 할때, 아래의 작은 게임판을 '소년'에 대한 명제들로 해석해 보세요.

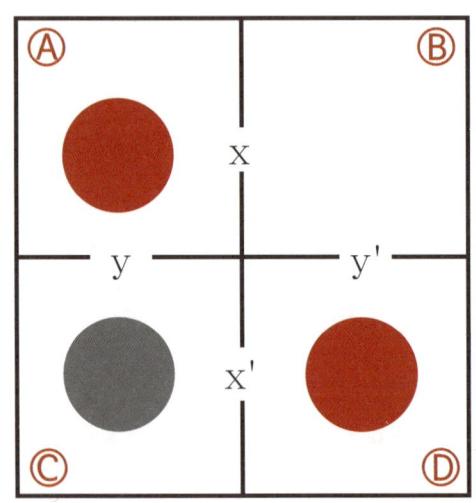

정답 :

명제 1: 모든 y는 x다.

- 모든 활동적인 소년들은 뚱뚱하다.

명제 2: 모든 x'는 y'다.

- 모든 뚱뚱하지 않은 소년들은 활동적이지 않다.

(위와 같이 활동적인 사람은 뚱뚱하고, 뚱뚱하지 않은 사람은 비활동적이라는 뜻의 명제들이 잘 이해가 되지 않는다고요? 우리는 명제 내용의 옳고 그름이 아니라 논리적인 해석에 집중하고 있다는 점을 기억하시길!)

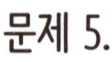

문제 5.

다음의 두 가지 명제를 큰 게임판 하나에 함께 표시해 보세요.

- 어떤 x는 m이다.
- 그 어떤 y도 m이 아니다.

☞ 힌트: 부정어로 된 명제부터 처리해 보세요.

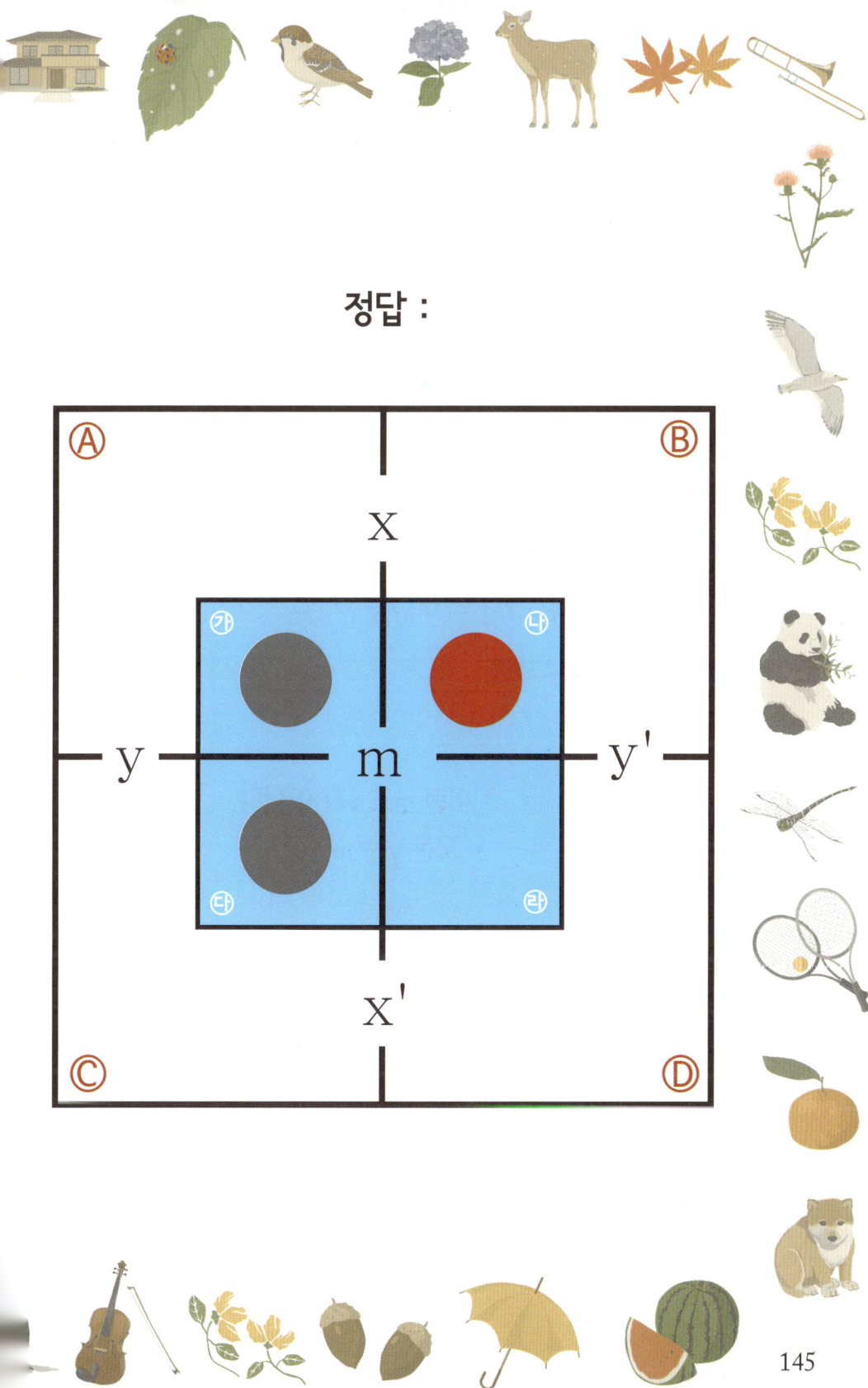

문제 6.

다음의 두 가지 명제를 큰 게임판 하나에 함께 표시해 보세요.

- 그 어떤 m도 x가 아니다.
- 모든 y는 m이다.

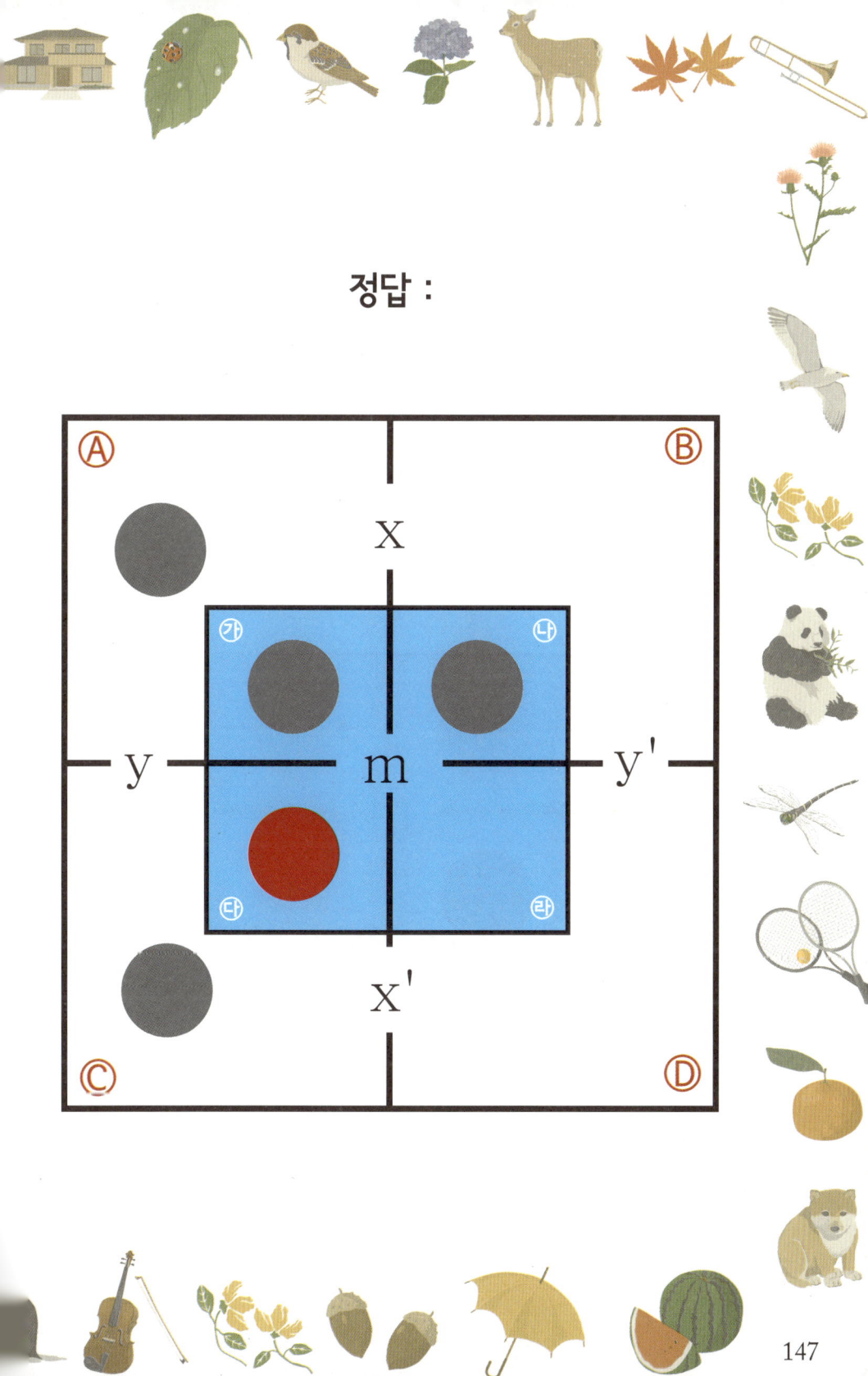

문제 7.

다음의 큰 게임판을 작은 게임판으로 옮기고 기호를 활용한 명제를 만들어 보세요.

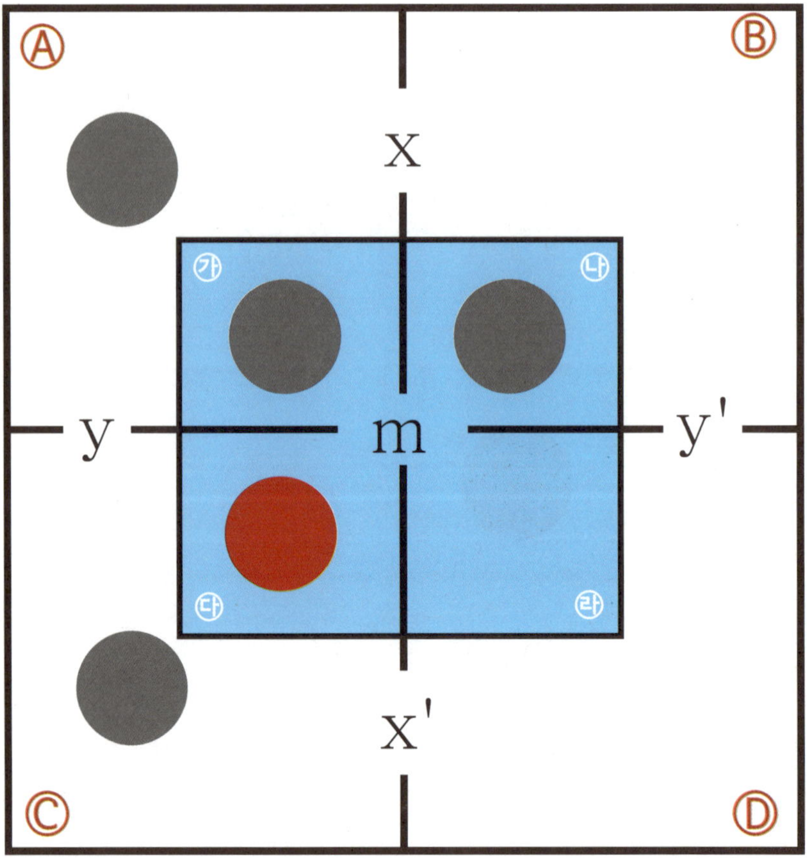

정답 :

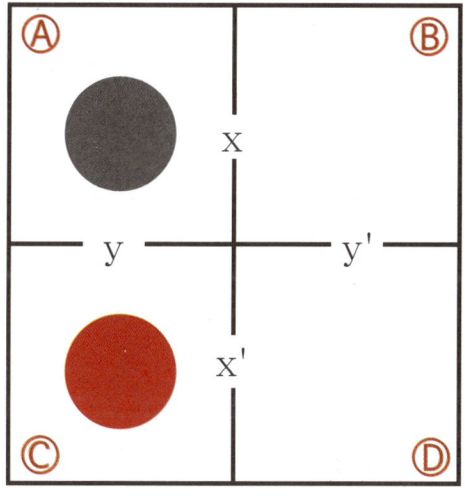

모든 y는 x'이다.

문제 8.

다음의 큰 게임판을 작은 게임판으로 옮기고 기호를 활용한 명제를 만들어 보세요.

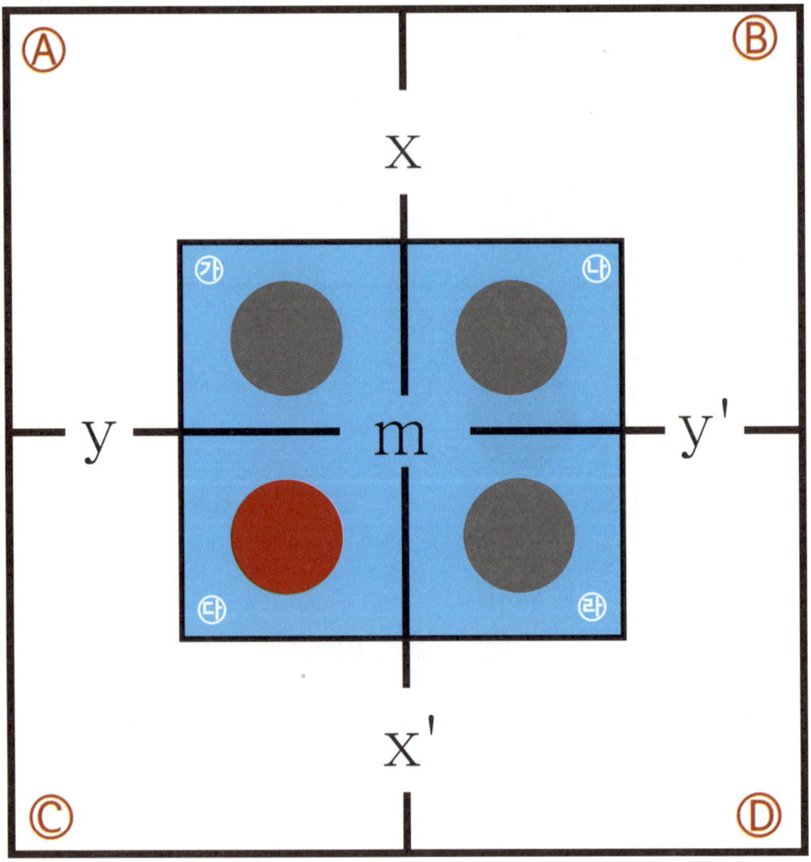

정답 :

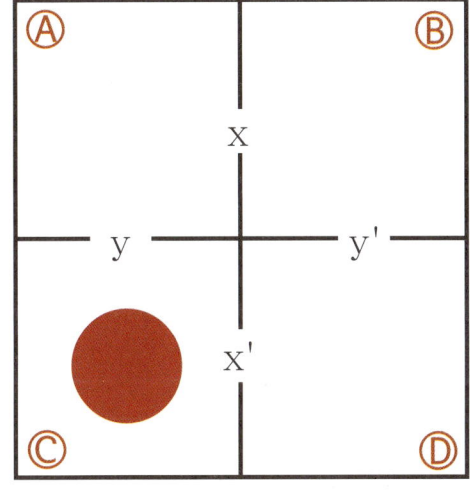

어떤 y는 x'이다.

혹은

어떤 x'는 y다.

문제 9.

다음 두 개의 명제를 전제로 삼아 큰 그림판에 표시해 보고, 작은 그림판으로 옮겨서 하나의 결론을 내려 보세요(삼단 논법).

- 모든 약은 쓰다.
- 모든 개똥쑥은 약이다.
  (x=쓰다, y=개똥쑥, m=약)

☞ 힌트: 전제들을 여러 개의 명제로 나누어 보세요.

정답 :

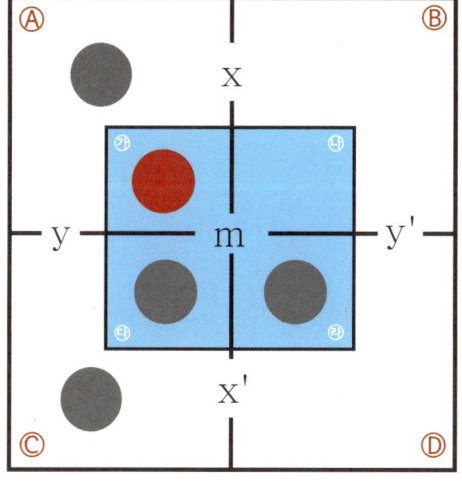
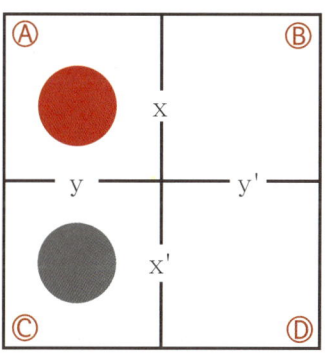

결론: 모든 y는 x다.
즉, 모든 개똥쑥은 쓰다.

문제 10.

다음 두 개의 명제를 전제로 삼아 큰 그림판에 표시해 보고, 작은 그림판으로 옮겨서 하나의 결론을 내려 보세요(삼단 논법).

- 모든 돼지는 뚱뚱하다.
- 그 어떤 해골도 뚱뚱하지 않다.

(x=돼지, y=해골, m=뚱뚱하다)

정답 :

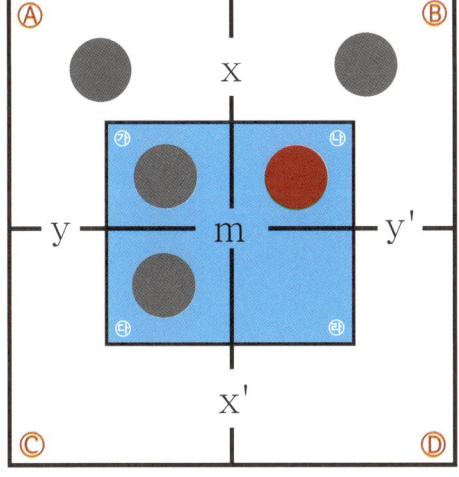
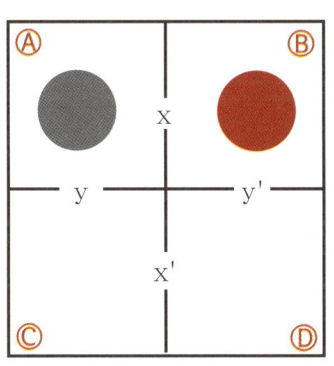

결론: 모든 x는 y'다.
즉, 모든 돼지는 해골이 아니다.

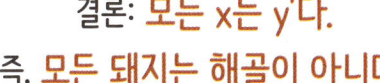

엄마, 나도 논리적으로 말하고
싶은데 논리가 뭔지 정말 모르겠어요.

초판 인쇄   2020년 8월 20일
1쇄 발행   2020년 9월 1일

지 은 이   루이스 캐럴
옮 긴 이   김영수
펴 낸 이   이송준
펴 낸 곳   인간희극
등   록   2005년 1월 11일 제319-2005-2호
주   소   서울특별시 동작구 사당동 1028-22
전   화   02-599-0229
팩   스   0505-599-0230
이 메 일   humancomedy@paran.com

ISBN 978-89-93784-67-1 73170

• 잘못 만들어진 책은 구입하신 곳에서 바꾸어 드립니다.
• 값은 표지에 표기되어 있습니다.

〈작은 게임판〉

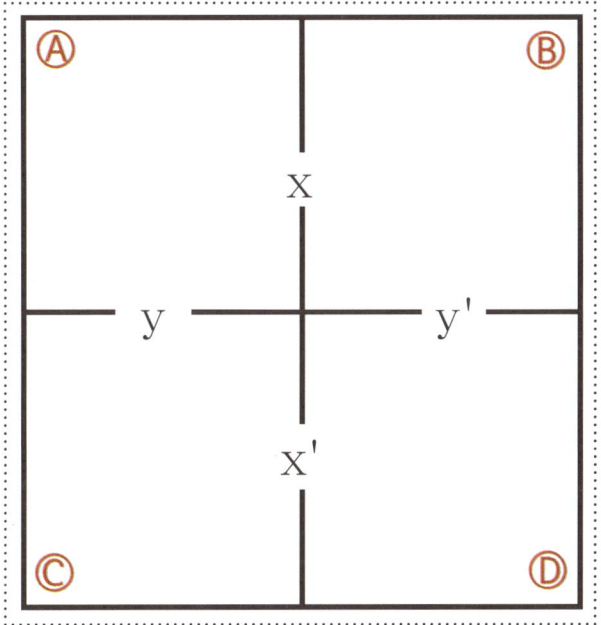

〈빨간 단추〉

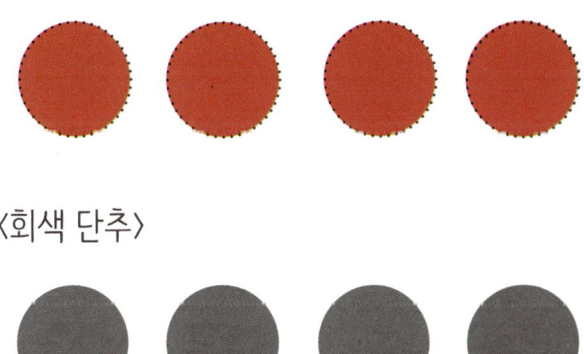

〈회색 단추〉

☞ 가위로 오려내 하드보드지에 붙여 사용하면 편리합니다.

〈큰 게임판〉

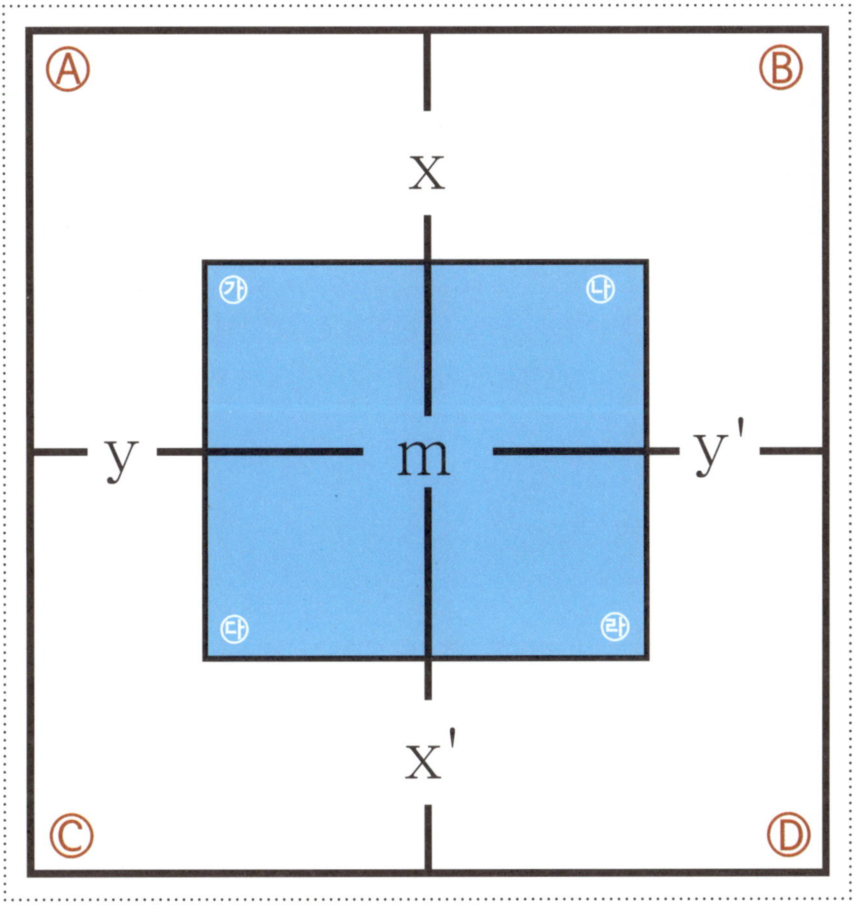

〈빨간 단추〉

〈회색 단추〉

☞ 가위로 오려내 하드보드지에 붙여 사용하면 편리합니다.